商务印书馆(成都)有限责任公司出品

赵明 著

历史与正义
司马迁如是说

目　录

序　言 | 001

整部《史记》中,没有些微神的身影,记叙的全是人事。因为神的缺席,史迁记叙的中国正义独具意蕴,别有一番滋味弥漫于字里行间。

第一讲 | **立法者的精神气象** 011

史迁期待的是,在立法者创立的制度秩序中,个体生命能够涵养阳刚的精神气质,而荡涤源于生命欲望的阴柔之气。用尼采的话说,是主人道德,而非奴隶道德,为人们的生活世界立法。

第二讲 | **"五帝"的政治德行** 072

史迁是史家,他告诉我们的是,政治技艺才是古今之变的关键,而政治技艺所带来的精神性、品质性的东西可以称为政治德行。换句话说,没有离开政治技艺的政治德行。

第三讲 | **"三代"的政治技艺** 113

> 三代之王道政治，从最初的制度层面，过渡到关涉道德精神的政治理想层面，一变而为宋儒的精神信仰、道德担当，最后竟成修辞学。大体流变即是如此。

第四讲 | **秦始皇与帝制的开创** 160

> 秦始皇或许没想对儒生那么狠，只希望他们暂时装一下糊涂，稍微给自己一点时间，别逼得太紧了。凡事不要一来就站在道德的制高点上唱高调，要先弄清历史原委。这当然不是说秦始皇杀人就对，可这个世界毕竟不是天堂。

第五讲 | **侠客与历史正义** 201

> "士为知己者死"，一定不是单相思，而是一种氛围，好像所有的人都被这种氛围感染，这就是那个时代的特质，所谓春秋大义。士遇知己，不是偶然遭遇，而是时代的必然结局。在中国历史上，也只有那个时代才有如此的精神氛围。

第六讲 | 孔子的文化英雄形象 294

孔子时时怀抱希望，处处遭遇失望，始终不肯绝望。他是流浪的君子，始终行进在精神的旅途中，"弦歌讲诵不绝"。他脚踏大地，仰望星空，时而获得对抗孤独的力量，每每更加孤独。这是一种伟大的孤独，一种深邃的孤独。孔子宁愿孤独；孔子拥抱孤独，呵护孤独。

后 记 | 341

20世纪80年代初，大学校园弥漫着诗意，人文气息浓厚。我被严重感染，竟做起作家梦来了，写诗作文，且数次投稿。结果竟是无一字发表，失望得很。于是，请教杨师义银先生如何写好文章，杨师的回答很简洁：没有别的办法，多读《史记》吧！

序　言

阅读《史记》多年，我虽自觉有话可说，却一直保持沉默，没人知道《史记》是我的最爱。直到有一天，我确信史家司马迁是自杀的，而且，他在毅然决然地告别尘世时笃信，《史记》必定使其永生，我才打破了沉默，开始讲述史迁及其作品。

一位不曾谋面的年轻却资深的编辑向我提议，将近年来讲述《史记》的录音整理成书。我信任他的判断，挑选、改定了这六讲，取名《历史与正义》，期盼与读者一道倾听史迁的诉说。

正义是形而上的人类信念。无论人们如何界定正义，它都关涉人世间秩序创立的伦理品质，关涉立法者的精神气象，关涉个体的生存质量与尊严，关涉人心世故和文明形态转换的价值评判。史迁"究天人之际,通古今之变"。毫无疑问,他要追寻的正是中国正义及其真相;格局却是人类的、世界的。

史迁洞察帝国制序创立的秦汉时代,判定无论是秦始皇的"焚书坑儒",还是董仲舒的"罢黜百家,独尊儒术",所展示出的立法者的精神气象,要么是暴戾的,要么是阴柔的,都呈现出奴隶道德的伦理特质。他拒绝大而无当的空言,冷峻地打量自"五帝"时代以降,中经"三代",迄至他置身其间的当朝的文明演进史,藏温情于骨中,倾力打捞在此演进历程中闪耀过的生命的个性与岁月的辉煌,倾情刻画那些凝固于重大历史事件中富于个性和德行的多姿多彩的生命形象,倾心揭露文明形态转换过程中那些掩埋和扼杀生命力的制序的阴柔、狠毒与暴虐品性。因此,"述往思来"的《史记》展呈给人们的,是一幅融漫长久远的时间与寥廓深邃的空间为一体的史诗画卷。

漫游于历史长河中的史迁心灵异乎寻常地敏锐。在冷酷而阴森的现实中,他孤独地拥抱着、温暖着那一座座指向正义的生命路标。他用文字书写、传承下来的有关文明的历史记忆,既有与真的相拥,也有与假的揖别,既有与善的相亲,也有与恶的抗争,既有与美的相融,也有与丑的疏离。正义的信念,林林总总的一切,尽管错综复杂,却又错落有致,尽管跌宕起伏，却又雍容大度，正所谓"无韵之离骚"。史迁是绝望的，文字却极富灵性，永久地散发出启示未来的灵光。

我敬仰形而上学，却又始终信赖并畅游于文学空间。抽象地规范性演绎并表达的现代学术，让语言丧家了，让个性流亡了。而《史记》是融文史哲为一体的生命悲歌。在我看来，缺乏生命感的任何正义学说，充其量都不过是精致得让人眩惑的文字游戏罢了。因此，正义为怀，而说事品人，将严肃的形而上学的基本问题，融化于鲜活的生命气息之中，是我在讲述《史记》时，所要努力追求的言说风格。

说到史迁的生平，可靠文献只有两种，一是《太史公自序》，一是《报任安书》。班固就是据之而编撰《司马迁传》的。这两份文献均出自史迁本人，假如史迁对其个人的生平十分看重，他完全可以在《太史公自序》中记述得清清楚楚，可他偏偏语焉不详；写给朋友任安的书信分明是份绝命书，却依然被后世学人视为悬案，而引发了诸多学术考辨和推测。

其实，史迁的生平是自觉地成就不朽的生命历程。当他痛苦而绝望地接受宫刑，含悲忍辱，继续其作品创作的时候，就已经彻底实现了心灵的升华——"以不死而殉道"，凭借常人难以想象的激情和坚毅，冷峻地掀开包裹血腥而丑陋的人心世故的虚幻的道德面纱，敞开从"三代"王权到秦汉皇权的权力真相，拨开掩埋个性化生命色彩的滚滚历史风尘，因此而超越了肉身经受过的一切磨难与屈辱。《太史公自序》中一句"迁生龙门，耕牧河山之阳"，既融合了时空，又超越了时空，只诗意地保留了对尘土的记忆——那是必定朽坏的肉身的归宿；《报任安书》则是圣洁灵魂的最后表白，个人不朽的问题已然转换成了关涉生命意义的哲学问题。

史迁不是在任何宗教意义上转换个人不朽问题的。

在很大程度上可以说，《史记》是一部英雄史。因此，我在收入本书的开篇与结尾两讲中，重点讲述了战争英雄项羽和文化英雄孔子。其实，英雄的命运是贯穿本书的思想线索。

英雄的内涵是什么？这是在我的讲座现场，曾有点评嘉宾提出的严肃问题。提问者以生活于19世纪的苏格兰人托马斯·卡莱尔著名的英雄观为参照，对我关于孔子作为文化英雄的讲述进行了质疑和批评。

阿根廷作家博尔赫斯，这位经营语言迷宫的文学大师，却在其《序言集以及序言之序言》一书中，异常简洁而清晰地概述了卡莱尔的英雄观。尽管卡莱尔留给世人的是极端悲观主义和无神论者的形象，博尔赫斯则洞见了其固执的加尔文主义者之精神基调和底色。正当西方民主运动凯歌行进时，卡莱尔令人震惊地指出，民主是因为找不到能领导人们的英雄而绝望的表现，不过是一场带有选举箱的混乱罢了。这种政治理论极容易让当代人联想到20世纪给人类带来巨大灾难的纳粹主义。

卡莱尔的英雄观集中表达在其《论英雄和英雄崇拜》一书中，这是一部由六篇讲演稿组成的书。穆罕默德将阿拉伯人推向了一场迄今尚未平息下来的战争之中，卡莱尔的六场讲演源于他当时深入思考的一个问题：如果没有穆罕默德，阿拉伯人将会怎么样？他并非就事论事，而是企图系统地阐述自己的历史观。而在此之前出版的《旧衣新裁》一书中，他就已经提出：世界历史是圣典，是本《福音书》，伟大的人物就是圣典的神经中枢，是福音的缔造者。在演讲中，卡莱尔满怀激情与自信，且不乏真诚地说道："世界历史以及对人类在这个世界上所作所为的描述，实际上是对那些曾在同一时代工作过的大人物的描述。他们是人类的首领，是塑造者，是榜样。从更广泛的意义上说，是他们创造了人类的事业并取得了成就。"他甚至直截了当地宣称："世界历史是大人物的传记。"在卡莱尔的历史观中，英雄无疑是世界历史的原因。

史迁的英雄观与卡莱尔的英雄观显然大相径庭。在卡莱尔的作品中，数量极少的英雄近乎半神，绝非凡胎肉身，统治那无穷尽的注定下地狱的下等人，乃是其神圣的使命。可在史迁的英雄谱中，有帝王将相，有谋士客卿，有文人骚客，有刺客游侠，有商贩工匠，有江湖郎中，有赘婿倡优，有日者卜筮，不分男女老少，无论庙堂江湖，各色人等共存，且不以成败论英雄。而统治与被统治的关系压根儿不构成史迁的叙述结构，史迁极其厌恶作为伦理和政治秩序的等级制度。

博尔赫斯没忘记告诉人们，卡莱尔心中一样刻有正义的尺度，且认为历史与正义相交织。只不过正义做出的评判是，谁值得胜利谁就能获胜。依据这条定理，直至滑铁卢的那天早上，拿破仑的事业都是不可怀疑的，但是到晚上十点就变成非正义和可憎的了。这是十足的黑色幽默。

在史迁的历史观中，英雄其实就是生命力和个性化的代名词。个体生命能否有条件涵养阳刚的、个性化的精神气质，有尊严地生与死，是史迁评判一切伦理和制度秩序是否正义的关键准则。在《史记》中，正义意味着个体生命实现其价值和尊严的无限可能性；英雄之为英雄就在于，他有勇气和智慧追求并实现了某种可能性，从而让人类世界生机盎然，丰富多彩。

史迁的英雄观让人鄙夷卡莱尔的英雄观，但因其思想本身的个性，仍可纳入史迁的英雄谱。不是吗？博尔赫斯告诉我们，1833年8月，年轻的美国作家爱默生拜访了卡莱尔夫妇，卡莱尔当时正在评注他认为是"连接两个新旧世界最佳桥梁"的吉本的史著；十多年后，爱默生出版了在思想方向上与卡莱尔完全不同的演讲集，取名为《代表性历史人物》。

他视英雄为人类实现自身可能性的最佳榜样，而这些可能性存在于每个人身上，他举例说，品达证明了自己写诗的能力，斯维登堡或普罗提诺证明了自己能够进入迷醉状态。或许是针对自己不赞同但尊重的卡莱尔的思想个性，爱默生说："在所有的天才著作中，我们都可以找到曾经属于我们自己但被我们拒绝的思想。这些思想带着异国他乡的庄严又回到我们身边。"他甚至认为："世界上浩瀚如海的书籍都是一个人编写的，书中的主要内容是那么地统一，使人无法否认这些书出自一位博学多才无所不知的先生手笔。"

爱默生与史迁应属同道，他所称道的这位"先生"其实就是我们每一个人的个性，就是存在于每个人身上的无限可能性；他所谓的那个"统一"其实就是人类的正义信念，就是世界的良知。

也正是通过"书籍"，史迁完成了个人不朽问题的转换，在遭遇宫刑之后，他喟然而叹曰："夫《诗》《书》隐约者，欲遂其志之思也。昔西伯拘羑里，演《周易》；孔子厄陈、蔡，作《春秋》；屈原放逐，著《离骚》；左丘失明，厥有《国语》；孙子膑脚，而论兵法；不韦迁蜀，世传《吕览》；韩非囚秦，《说难》《孤愤》；《诗》三百篇，大抵贤圣发愤之所为作也。此人皆意有所郁结，不得通其道也，故述往事，思来者。"尽管身体遭摧残，内心亦伤痕累累，他仍要忍辱负重地完成自己书写的使命，为后世保存一份关于中国正义的记忆。这无疑展示了他自己的个性，实现了存在于他自身的可能性。史迁自信地将自己写入了英雄谱，成就了《史记》的最后篇章。

无疑地，史迁与《史记》因为正义而永生。史迁求"成一家之言"，已是哲人。他是语言大师，擅长修辞，却不炫耀此技，而守实录之史德，求真意志牵引着他，以语言为剑，刺破权力的道德谎言，唯求个性化的生命力之再生。后世史家与之无可相比者，正在于此。

我曾两次游历坐落于韩城的汉太史司马祠，并登临华山之巅，不是为了运气式地发现有关史迁生平的什么线索，而是为了怀想这一孤绝的高贵灵魂，凭吊这一视死如归的伟岸人格。游历中，我的心绪如深秋般宁静，阅读《报任安书》时涌出的尖锐刺痛暂时逃逸了，犹如天宇般遼廓的文学世界洞开了心底。我仿佛走进了囚禁史迁的蚕室，那里黑暗而光亮，正义与邪恶两股力量较量着，破壁而出，弥散于天地间。《史记》中那一个又一个栩栩如生的人物形象，竟然不断地涌现于脑海，是他们让我确信，个性化的生命必定不顾重重险阻，披荆斩棘，不断拓展、延伸中国正义的历史行程。

博尔赫斯评论说："卡莱尔是一位浪漫型作家，具有平民的嗜好和品行。爱默生是一位绅士，一位古典型作家。"史迁不是一位"古典型"作家，他是一位高贵的古典作家。不同于西方古典史诗和古代史书，整部《史记》中，没有些微神的身影，记叙的全是人事。因为神的缺席，史迁记叙的中国正义独具意蕴，别有一番滋味弥漫于字里行间。如果说，神的自信之所以有让凡人胆战心惊的力量，恰是因为凡人不能自信，那么，凡人一旦自信起来，造神本身就会变得毫无意义。史迁笃信，正义之光源于人性，在灵魂深处燃烧，是人的精神的自我净化，进而净化世界，诚如《悲士不遇赋》所云："使公于公者，彼我同兮；私于私者，自相悲兮。"

崇尚古典世界而敌基督的尼采曾谦逊言道："只有在阅读爱默生的作品时我才感到自己的心与他如此贴近。我无权吹捧它们。"我在本书中数次提到尼采，且在第一讲的最后如是说："史迁与尼采的确是孤独相望千年的知音；在他们'重估一切价值'的孤绝之思中，我仿佛看到了人类新文明的一抹'朝霞'。"

我确信，史迁精神不死。瞧！他微笑着，静默着，灵魂在天际线上翩翩起舞。

第一讲　立法者的精神气象

老师们，同学们，大家晚上好！

主持人泽刚老师刚才说，这是"一个冬雨凄厉的寒夜"。我却感觉无比温暖，大家济济一堂，听我讲述《史记》，唯愿我的讲述能够引发各位阅读经典的热情！江帆教授组织草街读书会，倡导同学们阅读人文经典，立意高雅，可谓君子德行。我要特别感谢草街读书会的邀请！

高校的读书会很多，而草街读书会这个名字，取得特别美，颇富诗意，诱我遐想无限。草街，或坐落山间，或静处江边，或濒临大海。晚霞时分，有一位老人，漫步青石小巷，身后跟着一条小狗，蹦蹦跳跳；还有一幼童，坐在门前简朴的木凳上，痴迷地翻阅着手中破旧的连环画，对那条小狗不理不睬……总之，好一幅平宁静美的画面！

这又让我想起史迁的自述:

> 迁生龙门,耕牧河山之阳。

龙门山在陕西韩城的北边,黄河自北向南,出龙门山,遂由湍急而平缓。静水深流。史迁的故乡就在宽缓的黄河的西北角。山南水北谓之阳。

这是一个令人神往的地方。

2016年4月下旬,我前往韩城,游历了史迁的故乡。

始建于西晋永嘉四年的汉太史司马祠,坐落在韩城市南约十公里的芝川镇韩奕坡悬崖上。它东临黄河,西枕梁山,其孤绝之势,颇显史家精神气象。

我多次想象过,最初为史迁修墓建祠的汉阳太守殷济,从曙色初露,到暮色苍茫,不知踏勘过多少次,才最终确定了祠墓的位置。我相信,殷济不仅是为了追悼史迁的伟岸人格,也是为了历史的正义,就像史家为了正义而著史一样。

在通往祠墓的山门上,有匾额书曰"文史祖宗""史笔昭世",令人肃然起敬,我静静地,静静地端详良久……

我现在正是带着对司马迁祠墓的深刻记忆,走上这方讲台的。我要给大家讲述的,是自己阅读《史记》的一些感悟。我想把今晚的讲述献给两位先生。

一位是我的师爷杨景凡先生。景凡先生去世十多年了，我忘不了他。他是一位人文经典的高明读者。1984年，他主动提出离休申请后，就回到了书斋，回到了人文经典的世界。先生去世之后，我在整理他的读书笔记的过程中，感受到了前所未遇的观念冲击、思想启迪和心灵洗礼。在其读书笔记中，景凡先生写有这样一句话："司马迁是中国文化史上罕有其匹的人物。"我当时坐在司马迁祠北边的台阶上，反复品味的，就是先生写下的这句话。

另一位先生，他的笔名叫木心。木心先生也已经作古了，他的故乡在浙江乌镇。无论是幸，还是不幸，木心先生曾浪迹美国多年，在人生的暮年，终于重归故里。木心生在乌镇，死在乌镇，一生孤独，是一位了不起的、孤独的艺术家。在我阅读《史记》的某一个关键时候，木心先生给了我最猛烈的一击，乃至于我个人感觉到——真的有点通了。因此，我特别感念木心先生。

讲座的题目，我最初告诉草街读书会时，用了鲁迅先生在《汉文学史纲要》里面的一句话，叫作"史家之绝唱，无韵之《离骚》"。大家当然很熟悉，但我总觉得，用这句话做题目，过于诗性，过于宽泛了，即便大家发挥无穷的想象力，仍难明白讲座的宗旨。最后决定改成现在这样一个题目：立法者的精神气象。

我的专业是法学，可谓法眼观《史记》。

大家可能质疑我：《史记》，怎么与立法者的精神气象关联起来了？这当然不是我强加给《史记》的主题。事实上，皇皇巨著如《史记》，最核心的内容，其实就是关于立法者的记叙。这是肯定的，不用怀疑。只不过，史迁撰著史书时，不大使用"立法者"这个词而已。今晚就让这个现代法学的常用语词，引领我们走进《史记》这部伟大的经典作品，走进伟大史家的精神世界。

（一）

史迁与汉武帝同时代。

《太史公自序》有言：

> 汉兴五世，隆在建元，外攘夷狄，内修法度，封禅，改正朔，易服色。作今上本纪第十二。

汉武帝是西汉帝国或西汉王朝的第五任皇帝。高祖、吕后、文帝、景帝，然后就是武帝。武帝名叫刘彻，是景帝的儿子。

在西汉帝国之前，从春秋到战国，到楚汉，经历了五百余年的动荡和战争。人世间早已是满目疮痍，民不聊生。西汉王朝创立伊始，采行黄老道术，追求"无为而治"，推行"与民休养生息"之国策。荒芜渐渐隐去，大地复苏，一片生机盎然。只不过，权力争斗从未止息，"有为而制"推动着西汉王室，血雨腥风、踉踉跄跄地走进了武帝时代。

刘彻继位时年龄虽不大，才16岁，但他血气方刚，想有一番大作为，因而决意整肃朝纲。

不过，年轻皇帝的背后站着两个女人，一个是他的母亲王太后，一个是他的奶奶窦太皇太后。这婆媳俩权势欲都极重，逐步培植出了各自盘根错节的利益集团。早在刘彻被最终确立为太子时，婆媳俩的政治较量就已经趋于白热化了。她们现在都想把年轻皇帝当作软柿子，攥在自己的手心，揉捏成自己满意的模样。

可刘彻不是个吃干饭的窝囊废，他不愿成为权力舞台上的皮影。

武帝朝之初，真正执掌朝政的，是刘彻的奶奶窦太皇太后。姜还是老的辣。窦太皇太后言必称"黄老"，但其行却与黄老精神全无相干，不过是打着"黄老"旗号，阻遏他人权力欲的膨胀，好叫自己独断乾坤。志存高远的年轻皇帝，采取了与其前辈不一样的大动作，初试锋芒即展示出了自己必将主政的王朝新气象。

第一个大动作是改变传统的纪年方式,用他自己的年号"建元"纪年。中国历史上有多种纪年方式,建元纪年方式就是从汉武帝开始的。武帝在公元前140年继位,这一年即称"建元元年"。建元纪年方式体现的,其实是年轻皇帝"专权"的政治意志本身。这是在提醒窦太皇太后和王太后,自己的时代必须由自己开创,皇权无需也不容任何人染指。

第二个大动作是,建元元年冬,十月,刚继位不久的刘彻将丞相、御史、列侯中二千石以上的重臣们召集起来,吩咐他们,动员天下各地要员"举贤良方正直言极谏之士",意即号召大家,向朝廷举荐那些有才学、有品性、敢于发表议论的新人。

任何时代,人才都是想干大事者需要的最重要的资源。武帝试图打破黄老道术一统王朝政治思想文化的格局,他需要新鲜血液。尽管他心中有数,却没有明示大臣们。当时遴选出来的一百多人,有道家,有儒家,有法家,有纵横家,有阴阳家,可谓五花八门。时任丞相的卫绾上奏说:

> 所举贤良,或治申、商、韩非、苏秦、张仪之言,乱国政,请皆罢。

卫绾是个清廉、胆小而谨慎的人,他夹在窦太皇太后与年轻皇帝之间，既知今上的本意，又不敢挑战窦太皇太后的权威，只能拿法家和纵横家开刀，却在对道家抱持沉默态度的同时，悄然将历史舞台上最耀眼的灯光移向了儒家。丞相的这个上奏，年轻的汉武帝批准了。

这又正中了伺机揽权的王太后的下怀。一场名为"儒道互黜"的政治斗争势不可免。史迁在《魏其武安侯列传》中记叙了王氏集团与窦氏集团的人事角逐：

> 建元元年，丞相绾病免，上议置丞相、太尉。籍福说武安侯曰："魏其贵久矣，天下士素归之。今将军初兴，未如魏其，即上以将军为丞相，必让魏其。魏其为丞相，将军必为太尉。太尉、丞相尊等耳，又有让贤名。"武安侯乃微言太后风上，于是乃以魏其侯为丞相，武安侯为太尉。籍福贺魏其侯，因吊曰："君侯资性喜善疾恶，方今善人誉君侯，故至丞相。然君侯且疾恶，恶人众，亦且毁君侯。君侯能兼容，则幸久；不能，今以毁去矣。"魏其不听。
>
> 魏其、武安俱好儒术，推毂赵绾为御史大夫，王臧为郎中令，迎鲁申公，欲设明堂。令列侯就国，除关，以礼为服制，以兴太平。举适诸窦宗室毋节行者，除其属籍。时诸外家为列侯，列侯多尚公主，

皆不欲就国,以故毁日至窦太后。太后好黄、老之言,而魏其、武安、赵绾、王臧等务隆推儒术,贬道家言,是以窦太后滋不说魏其等。及建元二年,御史大夫赵绾请无奏事东宫。窦太后大怒,乃罢逐赵绾、王臧等,而免丞相、太尉,以柏至侯许昌为丞相,武强侯庄青翟为御史大夫。魏其、武安由此以侯家居。武安侯虽不任职,以王太后故,亲幸,数言事多效,天下吏士趋势利者,皆去魏其归武安。武安日益横。

表面上看,在这场政治斗争中,窦太皇太后获胜,但这绝不意味着王太后就输了。原因在于,"儒道互黜"不过是争权夺利的手段而已,无论输赢,都无关于思想信念的笃定,无关于精神品质的锻造,人们因为势利而改宗立信,不过是变换一套说辞罢了。武帝的专权意志才是人们变换说辞的指南针。

就在汉武帝让历史翻篇的前夕,朝野已是暗流涌动,弥漫于空气中的异味,强烈地刺激着人们的嗅觉:春秋战国时代淡泊的儒门,就要兴盛起来了,儒生们很快就将在帝国政治舞台上大显身手了。一时间,满朝自称儒生的人多了起来。人们等待的不过是时间的流逝,而非惊世骇俗的伟大思想的降临。

窦太皇太后年事已高,她熬不过年轻的汉武帝。

建元六年,窦太皇太后去世,汉武帝全面执掌帝国朝政。王夫人也没能笑到最后。

窦太皇太后生前压制下来的事情,汉武帝可以继续干下去了。他召集之前举荐上来的众"贤良",明确地告诉他们,帝国的政治舞台,需要儒生扮演重要角色,以发掘、阐释、发扬光大自尧舜以来的儒家思想传统;且告诫他们不要空谈,要把好的建议、想法、主张形成文字,正式呈报于朝廷。《汉书》记载了这次诏对贤良的结果:

> 于是董仲舒、公孙弘等出焉。

这就是说,儒家的时代正式到来了。

我们这里只说董仲舒。在诏对贤良的过程中,武帝连发三问,董仲舒连作三答,于是有了所谓的"策对三书"。因为第一策是讨论天人关系的,史书以此命名,称"天人三策"。班固在《汉书·董仲舒传》中全文照录。董仲舒的"天人三策",气象可谓宏大,关涉当朝政治、思想、文化、学术、教育等方方面面,涵括甚广,牵涉治事之根本、立法之大要。在"天人三策"的最后,董仲舒自己做了这样一个概括:

《春秋》大一统者,天地之常经,古今之通谊也。今师异道,人异论,百家殊方,指意不同,是以上亡以持一统;法制数变,下不知所守。臣愚以为诸不在六艺之科孔子之术者,皆绝其道,勿使并进。邪辟之说灭息,然后统纪可一而法度可明,民知所从矣。

用最简单的、也是后来史书常使用的话说,就是"罢黜百家,独尊儒术"。这事关武帝一朝政治秩序建构的立法精神和原则,不是一个单纯的学术思想问题。这为武帝所激赏、所采纳。

董仲舒于是成了西汉的大儒,取代黄老道学家,而成为武帝一朝名副其实的"大立法者"。

而且,这位大立法者在其"天人三策"中阐明的核心思想,影响的绝不仅止于武帝一朝。事实上,它的真正影响发生在武帝朝之后。重祭董仲舒"天人三策"的大旗,费尽心力,去寻觅重建政治文明秩序之大智慧的儒生,代不乏人。别的不说,当代新儒家的代表性人物蒋庆,其代表作就叫《公羊学引论》,也试图重新祭起董仲舒"春秋公羊学"的大旗,开示出重建当代政治文明秩序的大智慧。他自信满满地说道:

> 中国近百年来在文化建设上面临的最大问题就是政治文化重建的问题，这一问题的核心是政治秩序合法化的问题，而政治秩序合法化问题的核心又是建立合法化的形上基础的问题……公羊学大一统思想是解决当代中国政治秩序合法化问题的非常深刻的政治智慧，这种政治智慧在促进当代中国政治文化的重建上将会起到巨大的积极作用。

坦率地说，当初念及这种当代政治哲学的宏论时，我不由自主地张开了嘴，亮出舌苔，只觉空空荡荡，却对史迁的不尚空言，恍然大悟了。

董仲舒对孔子编修的《春秋》，做了"今文经学"的阐释与发扬，形而上的空言彻底扭曲了孔子的春秋笔法。孔子说过，"与其载之于空言，不如见之于行事之深切著明也。"抽象的概念与命题，很可能将人事捣鼓成神事，或鬼事。汉代儒学逐步走向神学，坠入谶纬化的荒诞之境，无疑与董仲舒将人事玄学化有关。

史迁当时就看得清清楚楚，他深得孔子放逐空言之精髓，而依孔子"见之于行事"的原则撰著《史记》。

（二）

《史记》无疑是关于中华文明的第一部通史。

《史记》更是关于西汉帝国的第一部当代史。

根据王国维的推断，汉武帝登基的那一年，史迁已年满5岁。史迁死于何年，至今没人说得清楚。但根据《史记》文本的内容，可以肯定的是，他差不多贯穿了武帝一朝的始终，是武帝朝的亲历者、见证者。而且，史迁接替父职，曾担任武帝朝的史官，为太史令。记录当朝的大事是史官的一项重要职责。

史迁父子俩绝非当一天和尚撞一天钟，为领俸禄而敷衍职事的人，他们把职责视为自己生命的一种担当，极富使命感。《史记》，史迁自命名为《太史公书》，正表达了这种使命感和担当意识。他说：

> 士贤能而不用，有国者之耻；主上明圣而德不布闻，有司之过也。且余尝掌其官，废明圣盛德不载，灭功臣世家贤大夫之业不述，堕先人所言，罪莫大焉。

意思是，作为史官，当朝明君贤臣的那些赫赫事迹和重要思想言论，如果不能如实地记录下来，使之传播下去，那就犯下了一种不可饶恕的大罪。

那么，史迁是怎样记叙当朝大立法者董仲舒的呢？

打开《史记》，我们即可发现，董仲舒作为当朝的大立法者，史迁竟然没有为他单独列传。《史记》由本纪、表、书、世家、列传五个部分构成。董仲舒虽被数次提及，但他的传，主要还是在《儒林列传》中，而列传又分为独传、合传和类传，《儒林列传》属于类传。史迁没有为当朝的大立法者单独列传，连合传也不让进，只在一个类传里写了几段似乎无关痛痒的文字。

更为严重的是，在这几段文字里，史迁竟然"疏忽"了这位大立法者最重要的两部作品：一部是按公羊学的谱系阐释《春秋》的《春秋繁露》。意思提到了，但没提书名，当然，那时可能还没有这个书名，书名可能是后人加上去的。如此说来，史迁的这个"疏忽"尚可辩解。另一部是直接指导当朝立法的"天人三策"，史迁竟"疏忽"到了只字不提的地步！

他倒是提及董仲舒另外一本叫作《灾异之记》的书，是在记叙一个让人哭笑不得的故事时提及的。《灾异之记》是一部根据灾变推演并阐明阴阳变化机理、颇具形而上意味的作品，的确体现了董仲舒的思想特色。史迁绝不会欣赏其形而上的品质，他重点记叙了一件事：大汉王朝在各地为开国之君刘邦建了庙，叫"高庙"，以备祭祀之用，神圣得很。可在史迁的当朝，辽东高庙竟然失火了，主父偃不太喜欢董仲舒，欲借此事件收拾一下这位当朝大儒。他把董仲舒正在撰著的《灾异之记》上奏到了汉武帝那里，说这本书讥讽时政，因为按照书的内容和精神，辽东高庙被烧显然意味着今上严重失德。汉武帝挺好玩的，他把很多都属于董仲舒学生的儒生召集到一起，将书糊名后，让大家传看，并发表议论。其中一人挺有水平的，叫吕步舒，是董仲舒的高足。此人很可能不知道是老师的大作，或者心思全用于琢磨今上的意愿去了，晃神了。"皇上让大家评论这本书，多半不是什么好事。"吕步舒沉思良久，最后用了两个字来评价此书："下愚"。意思是最愚蠢的胡说八道。孔子说过"唯上知与下愚不移"，也不知吕步舒的评语是否源出于此。汉武帝微微一笑：这可是你说的，不是我说的啊！其他儒生很可能也附和了这一看法。汉武帝下令把董仲舒抓了起来，扔进死牢。当然，汉武帝是不会杀这位当朝大立法者的，过几天就放人了。

这件事表现出了武帝专权的任性和愤怒，带给董仲舒的则是一种难以释怀的惊惶。

史迁记叙当朝的大立法者，最重要的事和思想几乎不写，却着墨于这件确乎能体现其思想特色的事件，其选材和笔法，无论如何都值得人们仔仔细细地体察和玩味。

那时就有人体察和玩味了,而且做出了合乎时宜的评判。这个人叫班固。他在《汉书·司马迁传》中,对史迁著《史记》的选材和立论提出了严肃指责。通过有关《灾异之记》的故事,我们不难看出,史迁的选材的确是很怪的,潜藏着的立论也很有意思。班固说史迁:

> 其是非颇缪于圣人,论大道则先黄老而后六经,序游侠则退处士而进奸雄,述货殖则崇势利而羞贱贫,此其所蔽也。

意思是,史迁取道于黄老,与当朝正在倡导的"罢黜百家,独尊儒术"之精神不吻合,而且还写游侠,写货殖,这些选材和立论都和圣人相悖逆,是要不得的。

但作为大史家的班固又是这样赞史迁的:

> 然自刘向、扬雄博极群书,皆称迁有良史之材,服其善序事理,辨而不华,质而不俚,其文直,其事核,不虚美,不隐恶,故谓之实录。

史迁绝对没有丢掉史家的第一品质,丢掉史家必须坚守的基本职责,即"实录"。这已为见多识广、饱读诗书的博学之士所公认。换言之，史迁绝没有想当然地瞎编故事。至于史迁内心深处的悲哀，就少有人去体察了。

问题是，史迁为什么要这样实录当朝的大立法者？难道说，他没搞懂董仲舒在《天人三策》《春秋繁露》中提出的深邃的高明主张？我们都知道，自己搞不懂的东西，是怎么也写不好的。

《太史公自序》记录了一次对话。

与史迁同朝的壶遂问他：

> 昔孔子何为而作《春秋》哉？

史迁是这么回答的：

> 余闻董生曰："周道衰废，孔子为鲁司寇，诸侯害之，大夫雍之。孔子知言之不用，道之不行也，是非二百四十二年之中，以为天下仪表，贬天子，退诸侯，讨大夫，以达王事而已矣。"子曰："我欲载之空言，不如见之于行事之深切著明也。"夫《春秋》，上明三王之道，下辨人事之纪，别嫌疑，明是非，定犹豫，善善恶恶，贤贤贱不肖，存亡国，继绝世，补弊起废，王道之大者也。

史迁在回答壶遂关于孔子为什么要编修《春秋》的提问时，引用的是"董生曰"。将"董生曰"的内容与董仲舒的《春秋繁露》和《天人三策》进行对勘，我们可以确凿地说，这个"董生"就是董仲舒——董先生，"董生曰"，就是董仲舒说的话。看来，史迁对董仲舒思想之要义，不是没搞懂，而是太懂了，可谓了如指掌。

宋朝有个人叫真德秀，他就依据《太史公自序》里"董生曰"这一段，得出了在学术史上，或者史记学上一个几乎被公认的判断：史迁是拜过董仲舒为师的，这位当朝大儒、大立法者是史官司马迁的老师。围绕真德秀的这样一个判断，宋以后，关于董仲舒与司马迁的师徒关系，史记学上有很多讨论。是也？非也？到底怎么回事？我们暂且不论。这里，我们要说的是，史迁对董仲舒这位当朝大立法者的思想和主张，肯定是有深刻理解的。

除了《太史公自序》里这一大段记录之外，在《十二诸侯年表序》当中，史迁还说了这么一句话：

> 上大夫董仲舒推《春秋》义，颇著文焉。

在《儒林列传》里，史迁也明确论断：

> 公孙弘治《春秋》不如董仲舒。

所有这些证据都表明,史迁对董仲舒的作品、思想的的确确了如指掌。

梁启超在其《要籍解题及其读法·史记》中说道:

> 司马迁实当时《春秋》家大师董仲舒之受业弟子,其作《史记》盖窃比《春秋》。

这就更进一步地将史迁纳入春秋公羊学这个路数的继承者之列,董仲舒与史迁同属春秋公羊学谱系。对此意见,我同不同意不重要。如果时光倒流,史迁自己对梁启超的论断是会有不同意见的。同样也是在史迁回答壶遂的提问时说过的话,可以作为证据。壶遂问他,你是不是要模仿或者接续孔子而作《春秋》?他是这么回答的:

> 唯唯,否否,不然……余所谓述故事,整齐其世传,非所谓作也,而君比之于《春秋》,谬矣。

壶遂说史迁著《太史公书》,实际就是接续、继承孔子编修《春秋》的这个谱,话中有话,真实意思可能是说:你小子是不是太狂妄了一点喔！可史迁当时就明确告诉壶遂，你这个说法，行，也不行。怎么跟你说呢？明确说了吧，你把我创作的《太史公书》比作孔子、董仲舒他们那个《春秋》，是不对的。梁启超是近代学术大师，可大师有时候也出问题，并且有时候出的问题跟小学生一样，容易望文生义。这不奇怪。

史迁搞懂了春秋公羊学，却不意味着要接续春秋公羊学的谱系，他可是要"成一家之言"的啊！

那问题依然是，史迁为什么不提这位当朝大立法者的《天人三策》等作品呢？真相究竟如何呢？这需要我们继续追问下去。

（三）

史迁本人是非常敬仰孔子的。

就是他首次为孔子作传，而且把传的位置摆得非常高，置于"世家"序列之中，叫《孔子世家》。我们不难发现，《孔子世家》中的孔子，与董仲舒在《春秋繁露》《天人三策》中讲的孔子，差异极大。

我多次阅读《孔子世家》，挥之不去的是悲凉的感觉，甚至可以说是悲剧的感觉。

史迁笔下的孔子，其实是一名孤独者。孤独者的知音，也一定是孤独者。史迁之所以能够深切体察孔子孤独的内心世界，之所以能够深切感受孤独者的精神意蕴和力量，就因为他本人也是一个绝对的孤独者。

史迁为李陵兵败匈奴事件辩护，想说出一点真相，却惹得龙颜大怒。汉武帝将其下狱，判处死刑。当然，死刑最后没有执行，改施以宫刑。宫刑也叫腐刑，就是把男根给割了！李陵事件发生在天汉二年（公元前99年）。史迁的生年主要有两种说法。按公元前145年计算，史迁受刑时才46岁，按公元前135年计算，他受刑时才36岁啊！这种刑罚带给一个士大夫精神上的辱没，是何等残酷和惨烈！

正是在这样的痛苦状态下，史迁怀着孤独而悲凉的生命感受，毅然完成了《史记》的撰著。当然，历史上也不乏其同道和知音。在《太史公自序》和《报任安书》中，史迁追叙了活出寂寞而轰轰烈烈的人生的孤独者，其中就包括演《易》的文王、编修《春秋》的孔子，也包括法家的集大成者韩非，还有孙膑、吕不韦，等等。最后他总结说：

> 大底贤圣发愤之所为作也。此人皆意有所郁结，不得通其道，故述往事、思来者。

史迁笔下的孔子，凄凉而悲壮。按理说，在他的当朝，儒门一下子兴盛起来了，董仲舒提出并为汉武帝所采纳的《天人三策》，把孔子非常正式地供奉在了帝国的"立法大宗师"的位置上，史迁应为孔子高兴才对，至少应该表达一下欣慰的心情。可是，史迁在《儒林列传》一开篇，就毫不隐讳地表明了相反的心绪：

> 余读功令，至于广厉学官之路，未尝不废书而叹也。

这里的"功令"就是当时朝廷考核、选用学官的法规。也就是说，史迁写《儒林列传》，首先说的是一个重大的立法事件。他拿着这些法令来念，念得并不是那么高兴，更说不上拍案叫绝，他没有告慰孔夫子的在天之灵说：您的时代终于到来了！

这个功令确实是汉武帝主动诏对贤良而提出来的。值得我们留意的是，并非董仲舒、公孙弘这些儒生先提出主张，经过宣传、普及，而盛行，而立法，相反地，是汉武帝自己主动提出来主张，先有一个诏书颁布天下，而后才有一帮儒生尾随而上。汉武帝是这么"诏曰"的：

> 盖闻导民以礼，风之以乐。婚姻者，居室之大

伦也。今礼废乐崩，朕甚愍焉。故详延天下方正博闻之士，咸登诸朝。其令礼官劝学，讲议洽闻，兴礼，以为天下先。太常议，与博士弟子，崇乡里之化，以广贤材焉。

意思是说，现在礼崩乐坏，没个规矩，太不像话了！把你们这些"贤良方正"召集起来，是希望你们去重塑、推广礼乐那一套东西，以教化天下。董仲舒、公孙弘等儒生的职责不过是贯彻、落实圣上的旨意罢了。

史迁在开篇提到的这个功令，就是御史大夫公孙弘上奏给汉武帝的，其核心内容，用今天的话说就是：皇上，您说得太好了，我们真是遇到太阳了，从此天下不再有黑暗了，我们现在就召集一帮博士官，来具体地落实您的指示。这个指示怎么落实呢？首先是招人，招博士弟子员，而后给待遇什么的。报告一打上去，汉武帝就说：好啊！好啊！立即就批准了。史迁在实录了这样一个立法过程之后，说了这样一段话：

自此以来，则公卿大夫士吏斌斌多文学之士矣。

儒生如雨后春笋般涌现出来，其他说辞消逝了，满朝顿时现出很有文化的优雅气象。

大致说来,《儒林列传》有两个内容:一是追忆自孔子以来儒林士子政治生涯中苦难的心路历程;二是记叙儒林传承《诗》《书》《易》《礼》《春秋》"五经"之谱系。仔细品味《儒林列传》,我们会发现,这两个内容非常明显地表现出史迁沉重的隐忧。他不高兴,也高兴不起来。史家隐忧什么呢?他洞察到了,当朝这么多人都宣称自己是儒生,为的是获得好处,追逐利禄。

这些自我标榜儒生的人会让这位史家觉得有意思吗?没什么意思!前面说过,班固批评史迁的选材立论有悖于圣人,可在儒生们追逐利禄这个问题上,他却在《汉书》里毫不含糊地承袭了史迁的判断,而且比史迁说得还透彻。史迁重在"见之于行事",只讲故事,他在《儒林列传》中记录了许多人因为懂了《易》懂了《诗》懂了《春秋》,然后就做了这样那样的官,进而引得天下人趋之若鹜,拜他们为师。班固明确地说:

> 自武帝立五经博士,开弟子员,设科射策,劝以官禄,讫于元始,百余年间,传业者浸盛,枝叶蕃滋,一经说至百万言,大师众者千余人,盖禄利之路然也。

他和史迁一样,发现所有这一切,不过就是为了两个字:禄利。

两位史家都记载了这一重大的立法事件,对于这个事件的后果,两位史家也有一样的看法:儒门在当朝确实兴盛起来了,儒学成了官学,儒家经典之学,也就是经学,现在已经在政治上登堂入室,变而为政治儒学,成了士子踏上仕途的垫脚石。对此,史迁心中有着沉重的隐忧:儒学沦为庸俗的政治工具,儒生也就纷纷演变为利禄之徒了。史迁和班固都看透了,儒学从"栖栖遑遑若丧家之狗",到汉武帝"罢黜百家,独尊儒术",所以兴盛,不过是利禄使然。史迁因此废书而叹曰:麻烦了!

《儒林列传》是以对董仲舒的记叙结尾的,史迁实录如是:

> 仲舒弟子遂者,兰陵褚大,广川殷忠,温吕步舒。褚大至梁相。步舒至长史,持节使决淮南狱,于诸侯擅专断,不报,以春秋之义正之,天子皆以为是。弟子通者,至于命大夫;为郎、谒者、掌故者以百数。

遂,就是当官了,登堂入室了。也就是说,拜董仲舒为师的,大大小小的利禄之徒上百人,一起发达,还很霸道!接下来,史迁还说了一句话:

> 而董仲舒子及孙皆以学至大官。

董仲舒的子孙也发达了。史迁对《春秋繁露》没怎么说,对《天人三策》则一字不提,意味悠长。人们读《史记》就当品此意味才是。

史迁读功令废书而叹,看来,他对当朝导致儒门兴盛的立法之举并不赞赏;对《天人三策》所倡导的立法精神、方向、道路,也是大不以为然。这或许就是我们一直在追问的真相之所在。

那么,这位史家究竟企慕和怀想的是怎样的大立法者呢?立法者应具有怎样的精神气象?

(四)

史家习惯说故事,抽象发表议论的时候少,多将自己的期望藏于故事之中。

鲁迅先生的《汉文学史纲要》,用意颇深地以史迁殿后,并如此评说史迁:

> 司马迁著史,恨为弄臣,寄心楮墨,感身世之

> 戮辱,传畸人于千秋,虽背《春秋》之义,固不失
> 为史家之绝唱,无韵之《离骚》矣。

大先生把史家的故事读得清清楚楚、明明白白,眼力着实厉害!

十分敬慕鲁迅先生的木心,曾在美国为一些年轻画家讲文学史,陈丹青后来将其讲稿整理出版,取名《文学回忆录》。其中一讲叫"中国古代史学家的文学",主要讲的是史迁的《史记》。木心说司马迁:

> 是"不以死殉道"的伟大先驱。他为李陵说项,遭宫刑,成《史记》。他是真的强者。

又说:

> 中国文化是阴性的,以阴柔达到阳刚,司马迁是古人中最阳刚的,给中国文化史扬眉吐气。

还说:

> 一部《史记》总算落落大方,丈夫气概。

木心在讲述中用了一个词："阴柔"。这个词我们并不陌生，很多人在日常生活中处理人际关系的那种品、那种精神气质，用这个词来表达相当准确。结合我们现在讨论的主题，我想说的是，阴柔的文化传统，既是制度塑造的结果，又影响到制度本身的构造。史迁之所以那样去写当朝大立法者董仲舒，正是因为他对阴柔的伦理文化传统的深切反思和严重不满。

木心毫不隐讳地说，我们这种阴柔的伦理文化传统的最高代表，是孔子。木心用词非常讲究，他讲孔子，有时称"孔子"，有时则直呼"孔丘"。他说自己：

> 从小熟读司马迁，可是，随着年事增高，读到最近，起了怪想法：如果司马迁不全持孔丘立场，而用李耳的宇宙观治史，以他的天才，《史记》这才真正伟大。但是再想想，不开心了，因为不可能……中国文化五千年、三千年，论面积和体量，不好和西方比。几乎没有哲学家，没有正式的大自然科学家。诸子百家是热心于王、霸的伦理学家、权术家，所谓修身、齐家、治国、平天下，是哲学吗？兵家、法家、杂家，都在权术范畴。什么是哲学？是思考宇宙，思考人在宇宙中的位置，思考生命意义，无

> 功利可言。忠、孝、仁、义、信，则规定人际关系，
> 伦理学在中国，就是人际关系学，纯粹着眼于功利。

木心讲史迁时引发的这个"怪想法"，就其总体上对中国文化传统的判定而言，是一针见血的，但对史迁著史立场的判定则未必公允。史迁崇敬孔子是实，可他笔下的孔子形象是孤独者的形象。所谓"纯粹着眼于功利"，这不正是史迁所忧虑的吗？

说到史迁，木心的内心其实很纠结。他接着这么讲：

> 尼采批判此前的所有哲学，后世哲学家无人不在尼采的光照中。中国可悲，出不了尼采。以司马迁的人格、才华，最有条件接受尼采。

我感念木心先生，因为就是他的这一句话，让多年阅读《史记》的我，有了豁然贯通之感。"以司马迁的人格、才华最有条件接受尼采"，之前没见谁这么说过，此言真的是振聋发聩。

我们知道，尼采的哲学是生命哲学；我们也知道，尼采终生探究的一个主题，就是大立法者的精神。木心自幼熟读《史记》，直至暮年仍读《史记》，他生命化地阅读《史记》，

终于起了"怪想法",他发现史迁是不会抛开儒家的。这也强烈地冲击了我,尽管我不同意他的这一判断。

木心不无遗憾地判定:

> 司马迁不会抛开儒家。

对此,我借用史迁的话回应:"唯唯,否否,不然。"说史迁是最有条件接受尼采的人,没问题!如果他不抛开儒家,《史记》断不会有如此丰富的生命色彩。史迁为自己也为中华文化培植了一片广袤的森林,《史记》中的数千人物,是史迁用文字凝固而成的庞大雕塑群,是史家个人精神生命的化身,是定格中华文化精神生命的一座又一座路标,是史家为各色生命刻写的永恒纪念碑。

史迁企慕的立法者,怀想的立法精神,就蕴含在这数千座生命的纪念碑里。

史家呼唤我们走进这个庞大的雕塑群,走进这千姿百态的生命世界。

可以说,《史记》展示的是一个世界的图景。我们必须超越各家各派,方能俯瞰这个世界的全貌。

孔子十分厌恶乡愿,因为乡愿是阴柔的。

史迁不可能成为乡愿,乡愿人见人爱,而史迁是孤独的。

史迁一生只有两个朋友，一个叫田仁，一个叫任安，都不幸在武帝晚年发生的太子巫蛊事件中，被处以极刑。史迁遭宫刑之后，武帝让他做了中书令，就是皇上秘书班子的一员。任安曾给史迁写过一封信，劝他振作起来，为朝廷推荐人才。史迁没有立即回信，在后来的回信（即《报任安书》）中解释说，自己跟着今上四处巡察，很忙，根本没有时间回信。我们说，这纯属托词，因为对于一个大文豪、大史家而言，提笔写一封回信实在是太简单了，可史迁就是没有即刻回信。

史迁是在什么时候回信的呢？太子巫蛊事件后，任安被关进了死囚大牢，就在任安即将被执行死刑时，史迁给他写了回信。这一行为本身值得我们好好琢磨。我想说的是，真正意义上的朋友，日常生活中没有必要老搅在一块儿，这不过是阴柔的人际关系而已。任安的来信，史迁之所以没有即刻回复，是因为他早已超越了庸常的人际关系。在收信者的心灵还未达到史迁那种孤绝的高度的时候，他不可能写信。可当自己这位朋友快要被处死时，他却提笔回信了，史迁明知道，对于一个死囚犯来说，这封信很可能收不到，因为信的内容涉及对当朝重大事件的检讨，绝非无关痛痒的闲谈。我的意思是，史迁写的，是一封压根儿就没打算发出去的信。

《报任安书》其实是史迁的绝命书，是对自己做生命的最后交代，是对朋友人格与灵魂的绝对忠诚和信赖。史迁写这封信，情如孤独地立于山巅，向朋友隔空传话。这是一种心灵的融通，在物理意义上可以说，这封信毫无意义。信里讲的事情很多，最核心的却是告诉朋友，也告诉所有人，自己忍辱负重完成的《太史公书》，融贯字里行间的品质，就是对自己孤独人格和孤绝心灵的忠诚与执着。唯有置身冷峻和孤苦之境，绝对摆脱阴柔的人际关系，自己抱着自己的灵魂取暖，才能洞穿历史阴霾，呈现出数千个不同生命的真实。

信中说：

> 人固有一死，死有重于泰山，或轻于鸿毛，用之所趋异也。

意思很明确：生有品，死亦有品；一个人无品地活着，无异于行尸走肉；一个生命有品还是无品，其实是由自己的生命意志决断的。

木心说得好，史迁是最有条件接受尼采的，尼采讲的不就是生命意志的自我决断吗？直言之，敬重生命，敬重生命意志，正是史迁真正企慕、追寻的大立法者的精神品质。史迁品读董仲舒的《天人三策》时，肯定要追问，这样的立法能为阳刚的个体生命提供制度环境吗？史迁一定早就有了决断：不可能！

(五)

我们现在来看项羽的故事。

在很大程度上可以说,《史记》是一部英雄史诗。项羽是这个英雄群体里的一位大英雄,是与史迁一样充满阳刚之气的大英雄。正是二者生命品质的相符相契,成就了《史记》里的千古名篇《项羽本纪》。在史迁的笔下,项羽有着真正意义上对灵魂的自我拷问,有着真正意义上对生死的决断。

南北宋之交有个女词人,叫李清照,流浪途中经过项羽自尽的地方,史迁的文字在脑海中翻滚,挥毫写下了那首著名的诗:

> 生当作人杰,
> 死亦为鬼雄。
> 至今思项羽,
> 不肯过江东。

这位女诗人真正读懂了史迁,真正领悟了项羽这位英雄的人格:生,要最激烈地生;死,也要最激烈地死。项羽侠肝义胆,轰轰烈烈地立于天宇之下,死也是轰然倒地,惊天地而泣鬼神。

项羽这个人的精神品质,史学界和文学界都研究很多了。

我个人认为，他就是一个侠客。项羽之前就有侠的传统，史迁写在《刺客列传》里了。如果要从《史记》中选出十篇写得最棒的传记，《项羽本纪》和《刺客列传》两篇绝对入选。项羽是一个侠客，不是一个政客，可史迁偏偏把项羽放在了绝对政治性的本纪当中。假如放在列传里，那就该是《刺客列传》的最后华章——荆轲之后写项羽。史学界一直讨论，史迁为何把项羽放在本纪中，且放在《秦始皇本纪》之后、《高祖本纪》之前、十二本纪的正中？这是一个非常特殊，也十分显要的位置。

我就接着木心的"怪想法"，来说我的"怪想法"：史迁就是要明确表明，自己要坚决抛开儒家，而不是像木心说的那样，不抛开儒家。其实，把项羽写入本纪，在很大程度上，也暗示了史迁所以不为当朝大立法者董仲舒单独列传的深刻原因。

《项羽本纪》的"赞曰"给我们提供了证据：

> 太史公曰：吾闻之周生曰"舜目盖重瞳子"，又闻项羽亦重瞳子。羽岂其苗裔邪？何兴之暴也！

史迁的笔法是很怪的：他偏偏把项羽这个武夫、暴徒一样的人与舜关联起来。舜何许人也？他不就是儒家力倡的"尧舜之道"的核心人物吗？而且，最值得我们注意的还在于，史迁没说项羽和舜在血缘伦常方面有什么关联，而是通过一个偶然的、自然的、似乎毫无意义的现象把他们关联起来：项羽和舜都是"重瞳子"。中国史书上记载的重瞳子有好几位，包括发明文字的仓颉，而最著名的要数舜和项羽。人们甚至认为，重瞳子是一种王者之相，可不是现代医学所说的什么白内障。

史迁用一个生理现象把项羽与舜关联起来，很明显，跟儒家唱了对台戏。

木心的眼力相当厉害，他看到史迁最有条件接受尼采。尼采有著名的谱系学，讨论相同精神品质的个体再现的问题。相同精神品质的个体，彼此之间没有什么内在关联，只是一个又一个、一次又一次地在人们无法预测的时候，不断地出现。这有助于我们理解史迁的笔法。史迁把舜和项羽谱系学式地关联起来，不过是要告诉我们：很久很久以前出了一个舜，很久很久以后出了一个项羽，两人很类似，同品质。赞以"吾闻"起笔：有一个周先生讲了什么。就像我们小时候听大人说：从前有座山，山里有个庙，庙里住着个老和尚，老和尚给一个小和尚讲故事：从前有座山，山里有个庙，庙里住着个老和尚，老和尚给一个小和尚讲故事……如此循环往复，谓之永恒轮回，并非儒家讲的血缘伦常的宗法谱系。

从历史意义上说，舜其实是侠客之"踪"，不是儒家所谓的王道之宗，这就和史迁当朝大儒董仲舒续的那个谱不一样了。史迁一句"何兴之暴也！"真是神来之笔！意思是，舜和项羽其实都是天降尤物，突然临世；"重瞳子"表明，他们俩乃自然生成，根本不是董仲舒、公孙弘这些儒生所讲的，是什么王道教化的结果。

史迁在《报任安书》中，实际上宣示了整部《史记》的品质。信里说：

> 士为知己用，女为说己容……悲夫！悲夫！事未易一二为俗人言也……然此可为智者道，难为俗人言也……今虽欲自雕瑑，曼辞以自解，无益，于俗不信，只取辱耳。

"士为知己用，女为说己容"这句话，在《刺客列传》中数次出现。史迁郑重地告知朋友自己所著《太史公书》的品质，又不忘补充说，这一品质其实是难为俗人所理解的！

在《史记·太史公自序》，也就是《史记》全书的末尾，史迁说：

> 俟后世圣人君子矣！

这与尼采所说"我是为未来读者写作的",在精神品质上完全相同。

这么多年过去了,史迁期盼的读者出现了吗?我们应该成为这样的读者。

(六)

项羽说自己"力拔山兮气盖世"。

《项羽本纪》主要有两方面内容:一是写项羽的残暴无度;二是写项羽重情重义。残暴无度又重情重义,这个好像很矛盾的生命形象,在史迁笔下栩栩如生。

史迁心目中的立法者形象,他所期盼的立法精神,正是通过对项羽这样的生命形象的刻画,得以最充分、最鲜明地体现。

《项羽本纪》开篇,很简练地交代了项羽24岁起兵反秦之前的行迹。有两层意思:第一,项羽生活和成长的环境都不好,他是个流浪儿,叔父项梁杀了人,带着他四处流窜。第二,项羽没有受过良好的教育,他不是一个听话的乖孩子:

> 项籍少时,学书不成,去学剑,又不成。项梁怒之。籍曰:"书足以记名姓而已。剑一人敌,不足

学,要学万人敌。"于是项梁乃教籍兵法,籍大喜,略知其意,又不肯竟学。

这就是说,项羽这样的英雄是天生的,他的能力、见识根本不是教化的结果。

董仲舒、公孙弘依据圣上旨意所倡导的教化,大概不可能教化出项羽这样的英雄,他们的立法其实旨在消弱甚至消灭这样的个性。我们刚才说了,史迁恰恰要抛开这样的儒家。

《史记》的第一篇本纪是《五帝本纪》,重点写尧和舜,这是儒家尧舜之道重点阐释的对象。尧和舜之间的故事,就是尧如何考察舜,最终禅让于舜的故事。史迁把儒家那套词汇一顺溜全写进了舜的传记中,诸如"父义""母慈""兄友""弟恭""子孝",这些好词儿都是史迁当朝儒生们念兹在兹的。史迁写下这些道德词汇后,就具体叙述舜的生活世界,情形让人哭笑不得。舜的父亲瞽叟是个瞎子,没文化,德行还极差,老不死,联合着一点慈爱之心都没有的续妻,一门心思要把舜搞死:让舜去打井,自己在上面填土,让舜去修粮仓,自己把梯子撤了。没有丁点儿德行,有的只是恶行,哪来什么父慈子孝?

史迁的意思是说,舜其实跟项羽一样,天生尤物,突然一下就降临了,降临在大山里,没有好的成长和教育环境。

可尧就偏偏看中了舜，他也的确成了大气候。舜长得也好，力大无比，勇气十足，智慧超人，身体极棒。尧把两个女儿都嫁给了舜，儒家说，这是为了考察他的德行，其实是为了考察他的身体状况。那个时代的接班人，是要在深山老林里跟虎豹相斗才吃得饱的，跟随他的这一群人才活得下来，身体强壮是非常关键的。别扯什么德行。关键还在于，身体这么好的一个人，偏偏德行也很好。后来，舜继位了，他没有报仇把恶人杀了，孟子还演绎出了一个"虞舜行孝"的故事，说舜将他的弟弟也封侯了。总之，舜这个人能力强、智慧高、身体棒、德行好、胸怀宽广，我们不觉得这就是那个项羽吗？残暴无度又重情重义，不是吗？舜难道不残暴吗？他打起老虎狮子来可不得了！

史迁这里告诉我们，大立法者秉持的是主人道德。只有项羽这样的人才可能重情重义，也只有舜这样的人才可能拥有真正意义上的德行。这绝不是儒家教化的结果，相反，儒家教化的结果很可能是奴隶道德。

史迁通过"重瞳子"把舜和项羽关联起来，而这不过是一种自然特性，一种偶然性。他想告诉我们的是：舜和项羽是天生的，自然的，如果说和伦理道德有关系，那恰恰说明美德教育不能违逆自然。当然，立法精神也不能违逆自然。可在史迁的当朝，儒家开始登台唱戏了，唱的不就是尧舜禹汤文武周公的圣王之歌吗？史迁的高明恰恰在于，他看出了高唱颂歌的结果是堪忧的。舜和项羽天赋的德行，在儒家这样的教化下，很可能要丢失，保不住，所以史家"废功令而叹息"：完了！从今以后舜没了！项羽没了！所以我认为，这是史迁要摆脱儒家的有力证据。

（七）

我们接下来继续看，史迁是如何反思他的当朝儒家的。什么是真正的仁义？什么是假仁假义？什么是真正的残暴？在尧考察舜的过程中，舜杀了很多狮子老虎，胆子可大了，很残暴；尧有一次派他到深山老林里去，一去就是好多年，他表现得很勇敢；舜也杀了很多叛乱的人，还杀了鲧。他不残暴吗？问题在于，什么样的"残暴"，不应称其为"残暴"？

《史记》是一部当代史；之前的史作均应视为当朝史的序言，旨在追溯造就如此当朝的历史真相。鲁迅先生说，史迁的《史记》是"史家之绝唱，无韵之《离骚》"，说的是史家那种独立的、穿透三千年历史的思想力。可惜竟成"绝唱"！

史迁确实是旷世孤绝的伟大史家。

《史记·太史公自序》里，《高祖本纪》的提要是这样写的：

子羽暴虐,汉行功德;愤发蜀汉,还定三秦;

诛籍业帝,天下惟宁,改制易俗。作高祖本纪第八。

我们不要一看到"暴虐",就以为是贬义,情生厌恶;不要一看到"功德",就以为史迁在吹嘘拍马,在歌功颂德。史迁不属于"歌德"派。我们要看"功德"和"暴虐"被使用的具体情形,如果说暴虐具有时代性,那么功德也同样具有时代性。史迁是具有史德的,他使用"暴虐""功德"之类的词,是实录,而不是道德或价值评判,他用"暴虐"描述项羽,用"功德"描述刘邦,均属写实。史迁用词是非常精准而高明的。

史迁是在何种意义上描述刘邦的"功德"的?他不过是说刘邦在楚汉战争中取胜了,所谓的功德是输赢意义上的,是世俗功利意义上的,是说刘邦赢了,胜利了,是个成功者。与此相关,在同一个逻辑层面上,项羽的"暴虐"不过是说他输了,他没有这个功德,仅此而已。

刘邦在取得楚汉战争的胜利后,把功臣们召集起来讨论取得胜利的原因,或者说获得功德的原因。其中有两人——高起和王陵,直率地跟刘邦说,"陛下慢而侮人",还当着朝臣的面拿项羽作比较,说"项羽仁而爱人",且进一步挑明:

> 然陛下使人攻城略地，所降下者因以予之，与天下同利也。项羽妒贤嫉能，有功者害之，贤者疑之，战胜而不予人功，得地而不予人利，此所以失天下也。

这些个"功德"与"暴虐"，不都是利禄的计算吗？刘邦回应道：

> 公知其一，未知其二。夫运筹策帷帐之中，决胜于千里之外，吾不如子房。镇国家，抚百姓，给馈饷，不绝粮道，吾不如萧何。连百万之军，战必胜，攻必取，吾不如韩信。此三者，皆人杰也，吾能用之，此吾所以取天下也。项羽有一范增而不能用，此其所以为我擒也。

刘邦并没有否定高起和王陵的意见：项羽失败的关键，的确在于不擅长功用的计算。刘邦的确聪明！如果我们跟随刘邦的思路，结合高起、王陵的见解，就不难领会刘邦得意扬扬地说出的理由——自己善于用人，而项羽不会用人——的真实含义了。

搞清楚刘邦是如何善于用人的，对界定项羽的"暴虐"至关重要。刘邦确实用好了三个人：萧何、韩信和张良。没有这三个人，刘邦的"功德"必定化为乌有；在同一个层次上说，项羽的"暴虐"也就无从说起。我们需要追问的是，为刘邦打天下的这三大功臣的命运究竟如何呢？

韩信被杀了，死得很惨，我们下面再说。这里提一下韩信，是因为在打天下这件事情上，他是最有功的。奠定刘邦的"功德"的头等功臣应该是韩信，他调集指挥百万之军啊！但当时排在功臣榜上第一位的，不是韩信，而是萧何。

萧何没有被杀，体面一直保持到生命的结束，好像很荣耀，但在大汉开国以后，萧何很无奈，很压抑，胆战心惊，活着比死了还难受。这才是《史记》中萧何传实录的重点。开国前不说，开国后刘邦要平叛，萧何继续担当准备粮草的大任。刘邦在平叛的过程中，不断地派使臣"关心"萧何：皇上问你好！前线要用那么多的粮草，辛苦你啦！皇上的"关心"和"慰问"不断地传来，有人就跟萧何说："君灭族不久矣！"理由在于：

> 夫君位为相国，功第一，可复加哉？然君初入关中，得百姓心，十余年矣，皆附君，常复孳孳得民和。上所为数问君者，畏君倾动关中。今君胡不多买田地，贱贳贷以自污？上心乃安。

意思是说,萧何在汉中和关中这两个地方给刘邦准备粮草,经营了那么多年,那一带的老百姓都喜欢他,都说他好,这并不是什么好事!并且,萧何德行还挺好,不贪,不好女色,是一个道德君子。正因为如此,萧何遇上大麻烦了!刘邦有啥德行?没有。萧何是个道德君子,反倒映照出今上的流氓形象。这行吗?天下老百姓都说萧丞相好,那意味着皇上是什么呢?所以事情相当麻烦,萧何怎么才能保全身家性命呢?明白人就说,有一味解药,那就是自污!本来不贪,得贪;本来不好色,得好色;本来对老百姓挺好,现在得跟老百姓抢田地,贱买贵卖。后来刘邦知道了,真的很高兴,以为萧何也跟自己一样的德行。这就对了,"上心乃安"!史迁很清楚,萧何其实活得很难受!

韩信本来是封王了的,后来被贬了,史迁作《淮阴侯列传》。全传的关键词其实就两个字:计算。韩信长于计算,他是百万之军的大将,粮草、兵马、战略、战术,他能不计算吗?可史家实录的重点,没放在战略战术这样的军事计算上,而是放在韩信这个人的生平方面,说他从小就善于计算。他计算何时出人头地,当个大官,发个大财。韩信出身贫寒,母亲去世的时候,他要算:自己将来可是要封侯的,母亲的坟得选在一个高而宽敞的地方,要体面!

其母死，贫无以葬，然乃行营高敞地，令其旁可置万家。

他一直在盘算：自己怎么能在这儿种庄稼呢？怎么能摆个小摊度日呢？那不行！年轻时候的韩信可像个混混儿，成天混饭吃，天天到一个亭长家去吃饭，亭长老婆烦了：

　　数月，亭长妻患之，乃晨炊蓐食。食时信往，不为具食。信亦知其意，怒，竟绝去。

后来，他四处溜达，在河边碰到一个漂母，漂母看韩信这么一个大小伙饿得不行，就把自己的饭分了一部分给他。结果韩信天天跑去，他看出漂母的心肠好，还为漂母计算：

　　吾必有以重报母。

漂母怒曰：

　　大丈夫不能自食，吾哀王孙而进食，岂望报乎！

漂母瞧不起他的计算。韩信算得更绝的是，有一帮混混儿在街上看到韩信挎着剑无所事事的样子，其中一个就让他从自己胯下爬过去。韩信要一剑把他捅了，费劲吗？但他没有这样行事，真的就从这个混混儿胯下爬过去了，在场的人笑话他：这个窝囊废！韩信算得很清楚：这个时候要是把自己的前途毁了，那才是窝囊废呢！反秦浪潮起来后，他本来在项羽手下当兵，是一个执戟门卫，没有得到项羽的重用，没什么战功，到了咸阳论功行赏时，他什么也没有得着，就跟随刘邦的大军进了汉中。一路上，他的计算才能充分展示出来了，精明的萧何心中盘算着：这才是我们现在需要的人才呀！可刘邦没看出来，韩信只好另寻出路。萧何月下追韩信，向刘邦极力举荐，他这才被刘邦拜为大将军。从此韩信指挥千军万马，从汉中杀回关中，从关中直杀向东，南征北战，最后把项羽给灭了。韩信的计算能力超强，就在他势力一天天壮大的过程中，也有人帮他计算，而他的野心也在膨胀。在灭了魏国、赵国、齐国之后，他跟刘邦提出来，希望做一个"代齐王"，刘邦一听很冒火：你不来救我，现在还想当代齐王？正要开骂的时候，另一位计算高手出现了，这人就是张良，张良一脚踹到刘邦身上：

汉方不利，宁能禁信之王乎？不如因而立，善遇之，使自为守。不然，变生。

刘邦太聪明了，一下子反应过来：对啊！韩信你真没出息，你要个代齐王干吗？直接要个齐王不就得了嘛！韩信这算是遇到计算高手了。这时，武涉前来帮他计算：

> 天下共苦秦久矣，相与戮力击秦。秦已破，计功割地，分土而王之，以休士卒。今汉王复兴兵而东，侵人之分，夺人之地，已破三秦，引兵出关，收诸侯之兵以东击楚，其意非尽吞天下者不休，其不知厌足如是甚也。且汉王不可必，身居项王掌握中数矣，项王怜而活之，然得脱，辄倍约，复击项王，其不可亲信如此。今足下虽自以与汉王为厚交，为之尽力用兵，终为之所禽矣。足下所以得须臾至今者，以项王尚存也。当今二王之事，权在足下。足下右投则汉王胜，左投则项王胜。项王今日亡，则次取足下。足下与项王有故，何不反汉与楚连和，三分天下王之？今释此时，而自必于汉以击楚，且为智者固若此乎！

韩信却谢道：

> 臣事项王，官不过郎中，位不过执戟，言不听，

画不用,故倍楚而归汉。汉王授我上将军印,予我数万众,解衣衣我,推食食我,言听计用,故吾得以至于此。夫人深亲信我,我倍之不祥,虽死不易。

蒯通也以相人之术为韩信计算:

> 以臣料之,其势非天下之贤圣固不能息天下之祸。当今两主之命县于足下。足下为汉则汉胜,与楚则楚胜。臣原披腹心,输肝胆,效愚计,恐足下不能用也。诚能听臣之计,莫若两利而俱存之,参分天下,鼎足而居,其势莫敢先动。夫以足下之贤圣,有甲兵之众,据彊齐,从燕、赵,出空虚之地而制其后,因民之欲,西乡为百姓请命,则天下风走而响应矣,孰敢不听!割大弱彊,以立诸侯,诸侯已立,天下服听而归德于齐。案齐之故,有胶、泗之地,怀诸侯以德,深拱揖让,则天下之君王相率而朝于齐矣。

韩信依然说:

> 汉王遇我甚厚,载我以其车,衣我以其衣,食

我以其食。吾闻之,乘人之车者载人之患,衣人之
衣者怀人之忧,食人之食者死人之事,吾岂可以乡
利倍义乎!

在关键的时候,韩信竟然算起忠诚仁义来了,他输定了。跟刘邦讲忠诚?讲仁义?他们俩都没有什么仁义,都没有什么忠诚可言!计算的砝码不就是那点功利吗?运筹帷幄的张良为刘邦立了大功,他才是真正的计算高手。运筹就是计算。韩信表面上看,是被吕后在萧何的帮助下阴谋杀害的,实际上,他是被自己杀死的,是自杀,是被自己所计算的那点功名利禄所杀,是被阴柔所杀。韩信本来很阳刚,可在功名利禄面前,他变得太柔弱,太阴柔了,他算了一路,最后还是算丢了自己的性命。

那么,张良这个计算高手结局又如何呢?他活下来了。在品质上,张良是最接近项羽的一个人。张良年轻的时候,是一名侠客,最重要的使命是复仇——刺杀秦始皇,结果失手了,成了一名流浪汉,在留县这个地方遭遇了刘邦的小股部队,从此他们结下同盟,所以后来他受封为留侯。他有黄石公授予他的《太公兵法》,他是黄老道术的高手,也是计算的高手。张良计算的最核心的东西,就是人的名利欲望,但他自己能够克制。他也是刘邦的大功臣,他算韩信,算项羽,

一路算下来，包括鸿门宴，他都是拿着名利在计算，他自己却能超脱出来。刘邦当了皇帝，对功臣封侯行赏，说"运筹策帷帐中，决胜千里外，子房功也。自择齐三万户"。但张良一打败项羽，天下未定之时，计算的本领就用来保护自己了。他知道刘邦不是个有德行的人，过河拆桥、兔死狗烹、狐假虎威，所有这些手段刘邦都会。他选择与刘邦结盟也是这个原因，这些使得刘邦在乱世如鱼得水，张良也可以有所作为。在韩信真正回归刘邦之时，他就开始装病，不愿再出主意，想撤退了。所以最后他表态：其他都不要了，自己也不配，我们君臣当年不是在留县相遇的吗？如果真的要赏赐的话，就赏赐一点念想，让我回到当年与陛下相遇的地方吧！他做了留侯。张良不贪，因此保住了性命，得以安享晚年。

我们再结合项羽，来看萧何、韩信与张良这三个人。

萧何与刘邦一起起事，他不会想着跟随项羽打天下，这不用多说。

韩信，项羽能用他吗？不能用。他们俩的品质截然相反。军事才能，项羽以少胜多，韩信也以少胜多；项羽背水一战，韩信也背水一战。换言之，他俩在战术上是一模一样的。何必用你呢？两个司令当家，不如一个司令做主，韩信会的，项羽也会，他是不会用韩信的。更重要的是，两人品质不一样：项羽是侠客。侠客的第一品质就是超功利，他要复仇，但绝不是为了自家的那点儿恩怨。项羽不是要灭秦吗？他具有一个侠客最纯正的品质，这种阳刚的品质，与韩信的阴柔品质，是不相匹配的，他压根儿就不会用韩信。

张良也要复仇，他也有侠客品性，他为何不选项羽呢？起事后，项家军的力量是最为雄厚的，为什么张良选择了流寇一般的小股部队，选择了刘邦呢？因为这个计算高手，一眼看出刘邦是可用的，而自己与项羽却是相背的。张良计算的品质太过阴柔，而项羽根本瞧不起这种阴柔的计算。鸿门宴上，要杀刘邦多容易！绝不是项羽犯傻，而是项羽宁愿输也不玩阴招，这才是他的品。所以，张良不可能选项羽，他在刘邦那个地方如鱼得水，去了项羽那里，则必定磕磕绊绊。

还有另外一个人，叫范增。刘邦说了，范增是项羽唯一的人才，他却不用。范增是个什么样的人呢？是个计算能力极差的阴柔之人，活了70岁，终于等到了玩一把阴招的机会。范增出山后，给项羽的叔父项梁出的第一个"高招"，就是把楚怀王的孙子找来做旗号。这个从山里找来的放羊娃是个善茬吗？他比范增玩得还阴柔，一上台就想办法削弱、制衡项家军，扶持"卿子冠军"宋义，把刘邦也扶了上来，对项家军却严加防范。范增的这个"高招"，害得项羽落了个"诛杀义帝"的恶名。范增就是来添堵的。鸿门宴上项庄舞剑，也是范增出的馊主意，项羽没给他们机会。灭秦这一路上的大小战役，包括巨鹿之战，范增没有起到什么了不起的作用。项羽与舜是一样的，自己作为强者，不需要也瞧不起这些玩阴招的"人才"。项羽不傻，范增若是有真正高明的招数，他是会采纳的。譬如，在攻下外黄城的时候，项羽准备屠城，根据那时的游戏规则，未满14岁的人，不能成为屠杀的对象，外黄城县令的门客有个年仅13岁的儿子，没有被抓起来，他去军中找到项羽，说出了不能屠城的理由，项羽听进去了。13岁孩子的意见能影响项羽的决策，是因为他能说到点子上。而范增却没能拿出一个这样高明的意见，最后郁闷地死在了返家的途中。

《史记》中项羽所以精彩，与萧何、张良、韩信、范增这些人的衬托不无关系。史迁如此笔法，与反思当朝的宗旨，不可能了无牵扯，与反思董仲舒他们倡导的儒学，不可能毫无关系。什么叫仁义？什么叫假仁假义？项羽的暴虐是什么意义上的暴虐？在那样一个暴虐的时代，谁能不卷入暴虐？大秦的立法、执法均显示其暴虐的本质，所以，当时各路诸侯都认定大秦必须被推翻，也就是说必须用暴虐来对抗暴虐。项羽不暴虐，项家军无从起事；项羽不暴虐，他无从立威；项羽不暴虐，他无从获得胜算，推翻不了大秦。而刘邦就不暴虐吗？他也暴虐，逃亡过程中，连自己的亲生骨肉，都数次推下车去。难道就因为他当了帝王，他的暴虐就变成了策略？难道就因为项羽失败了,他的暴虐就坐实了?难怪史迁要再三说"难为俗人道也"这样的话。

(八)

史迁没有为当朝大立法者董仲舒单独列传,只在类传中写了几段似乎无关痛痒的话,却把在当朝被贬为暴虐之徒的项羽写入本纪,且置于十二本纪的分水岭上。这究竟意味着什么呢?

我们先看董仲舒在《天人三策》中,究竟提出了什么样的立法主张。其大致内容有三个:一是天人感应;二是罢黜百家,独尊儒术;三是教化天下。这三个内容是具有内在关联的,董仲舒的思想不混乱。而且,这三个内容恰好与史迁创作《史记》的追求一一对应——史迁写《史记》是为了"究天人之际,通古今之变,成一家之言"。

"天人感应"与"究天人之际",讲的是同一个逻辑层面上的东西,而"独尊儒术"不就是为了"通古今之变"吗?怎么应对古今之变?秦始皇曾经为了通古今之变,而焚书坑术士。山东六国刚被灭掉,各国的历史记忆都在,安定天下十分不易,秦始皇这一招就是烧掉各国的史书,消灭人们的记忆,这与董仲舒的"罢黜百家,独尊儒术"有实质性区别吗？不能说秦始皇行恶，而董仲舒是在行善，就跟我们前面分析刘邦的"功德"与项羽的"暴虐"一样，应该在同一个逻辑层次上运思。秦始皇焚书坑术士，是政治谋略，汉武帝采纳董仲舒"罢黜百家，独尊儒术"的策论，同样是政治谋略，两者达到的效果，或是希望达到的效果，也是一样的。史迁的忧患正在于，如此行事，中国的思想自由不说结束了，至少肯定大受冲击，像他这样希望"成一家之言"的人，也面临危险了。史迁对董仲舒的立法精神把握得非常之精准。天人感应说实际解决的，是关乎皇权根基稳固的正当性问题，为的是确认君权神授。可以说，董仲舒把调子唱绝了。怎么样来具体操作呢？人们对于暴秦的记忆深刻，焚书坑术士的事情，是绝对不能再干了，那就"罢黜百家，独尊儒术"，以儒术来教化天下，用所谓的三纲五常、仁义礼智信那一套，去教化从王公贵族到黎民百姓的心灵世界。这当然是立法！可这与史迁的"一家之言"实在不相吻合，而且是相对立的。

我们说，如果史迁真的接受了董仲舒的那一套教化，后世人们是看不到现在的《史记》的，史迁也不过是站在朝堂上唯唯诺诺、点头称是的阴柔之人，也不过是一个乡愿罢了，他不可能站出来为李陵辩护，不可能在《报任安书》中，把那些"全躯保妻子之臣"的形象，刻画得那么栩栩如生。

他的老师董仲舒，疑似在《灾异之记》这本书中讥讽时政，被汉武帝定了死罪，后来又被赦免了。这样的遭遇与学生几乎是一样的。史迁受刑之后，用木心的话说，仍写出了"落落大方，丈夫气概"的《史记》。董仲舒呢？被赦免后，再也不敢言语自己阐发的那套颇具个性的"灾异谴告"说了。这样的窝囊气象，史迁瞧得起吗？他是肯定瞧不起的，尽管董仲舒这样一种遭遇，令人同情。

再说，什么是史迁的"一家之言"呢？用现在的话说，董仲舒的《天人三策》强调了世界的普遍联系，强调了世界的相继性、连续性和不可变异性，这与史迁看到的历史是不一样的。董仲舒这位大立法者提出的，是一套理念，而史迁看到的，则是立法者的理念与生活世界的不相吻合，他看到的生活世界不是连续的，而是常常中断的。董仲舒强调，只要把观念注入人心当中，天下就会稳定，这是观念至上论，观念决定一切，所以强调教化。而在史迁看来，观念不那么重要，观念随时改变，世界也随时改变。更为重要的是，史迁的判断不是基于一种逻辑假设，也不是出于一种价值预设，他不是用一种价值去对抗另一种价值，他是用历史的事实去对抗立法者的观念和他们的价值预判。史迁看到的历史事实是，没有什么"天不变道亦不变"，没有什么永恒的天道，他无意预设一种新价值与他的老师对抗，因为历史本身是变的。董仲舒阐明的那一套，需要塑造一个圣人、先知和立法宗师，从而让自己的观念肉身化，需要的是奴隶般的盲从——就连他自己，也不过是被人卖了还帮着数钱的角色罢了。

对此，尼采当然看得很清楚。但我要说，史迁早尼采两千年，就把这一点看透了。史迁还看到，汉武帝采纳董仲舒的《天人三策》，必定长久遮蔽历史真相。他注定要发出"史家之绝唱"，却又决意要传递历史的真实讯息，所以《史记》的最后一句话是"俟后世圣人君子"。

立法者宣扬《天人三策》，不过是一种政治谋略，阴柔之术。这就是史迁所要表达的立场和观点。可以说，无论十二本纪，还是三十世家，抑或七十列传，都在传递"历史是变的"这样一个真实的信息。

（九）

史迁为什么要把项羽放在十二本纪的巅峰之上？

因为他看到的是：没有什么永恒的天道，没有什么"天不变，道亦不变"，也没有什么永恒的德行，有的只是一个又一个鲜活的生命个体。而任何一个民族的文化，其历史的精彩与辉煌，依赖的其实就是像舜、项羽那样的阳刚生命的不断涌现——尼采称之为"永恒轮回"。然而，《天人三策》很可能使得项羽这样的生命成为流星，或者在制度秩序中被扼杀,被阴柔掉。

木心讲中国文化时所判定的阴柔品质,已经是一个历史文化事实。

史迁早就强烈地预感到,秦汉帝制之前的大约三千年文明史,到汉武帝时代(也就是他自己的当朝)已经基本作结,历史气象也将随之而有根本性的改变。他把项羽放置在十二本纪的分水岭上,意义非凡。这表明项羽品质的出现,也有其土壤,所靠的不是血缘伦常式的传承,而是生命的自然轮回:天才与天才之间,并无血缘联系,并无因果关联,但天才一定会出现。类似项羽这样的天才,往往是董仲舒所强调的普遍性、不可变异性的最大破坏力量。历史事实是,天才不止项羽一人,项羽只是最强的代表而已。项羽之前的天才,史迁还写了两个人,一个是我们前面提到的舜,而且直接把舜与项羽偶然性地关联起来;另外一个就是商纣王,这又与董仲舒这样的儒家唱了对台戏。

商纣王的残暴,史迁也同样实录了,一点儿不含糊。问题在于,商纣王也像舜和项羽那样,是一个天生的、了不起的强者。史迁这样写道:

> 帝纣资辨捷疾,闻见甚敏;材力过人,手格猛兽;知足以距谏,言足以饰非;矜人臣以能,高天

下以声,以为皆出己之下。

也就是说,这个人聪敏过人,孔武有力,英气十足,自信满满。被儒家抬举为"圣王"的文王,本来是商纣王的臣服者,有一次议事的时候——

> 西伯昌闻之,窃叹。崇侯虎知之,以告纣,纣囚西伯羑里。西伯之臣闳夭之徒,求美女奇物善马以献纣,纣乃赦西伯。

很明显,这些被儒家颂为"圣王"的人,一开始就是玩弄阴谋诡计的高手,行贿受贿求苟活这一套,可谓技精艺高。这是史迁所写的历史。武王则更是阴柔而残暴,他测度时机,发动了牧野之战。纣王最后失败了,败了就败了,自己穿得工工整整,纵火自焚,与项羽一样,蛮有骨气的!项羽有虞姬,商纣王也有心爱的女人,其中一个叫妲己,"爱妲己,妲己之言是从"。儒家化了的后世学人说,就是那些女人带坏了商纣王。简直是开玩笑!商纣王会被一个女人带坏?纣王心爱的女人也像虞姬一样,体面地自我了结了。可武王呢?竟然在人家死尸上玩霸道,用箭射,拿剑捅,而后斩首悬于白旗旗杆之上,这多残暴,多阴柔,尤其是以同样的手法在女尸上耍威风,这也太没德行了吧?论生命力,论阳刚之气,文王武王根本无法与舜、纣王和项羽相比。《周本纪》和《鲁周公世家》实录说,夺了天下不久,武王就病恹恹的了,周公又玩了一回"效忠"的把戏。他祷告神灵,说自己愿意替武王去死,还把祷文藏得妥妥帖帖的,后来就凭这个祷文获得了成王的信赖。他也太阴柔了吧!

当然,十二本纪里实录的强大个体,最个性化、最富有诗意、最美且几乎没有瑕疵的,就是项羽。但如果项羽真的灭了刘邦,做了王,很可能就没那么光辉了。史迁从来不隐晦,他也记录了项羽说过这样的话:

> 富贵不归故里,如衣绣夜行,谁知之者?

这跟刘邦的《大风歌》差不多。所以我们可以说,项羽是生逢其时,死亦逢其时。

项羽,是中华文明历史天空中,阳刚英雄个体的瞬间爆发。史迁将其置于本纪之中,置于分水岭上,既能映出阴柔的黑暗、狠毒、残暴,也能给人以希望。这就是鲁迅先生讲的,这个文明无论多么悲惨黑暗,总有能肩扛闸门的战士出现。项羽不就是要推翻暴秦吗?这不就是他的最高使命吗?他完成了。而且,他最后的死也太光辉了,壮烈而绝然。他自觉地死，死有何惧！刘邦败了多少次，有时败得一塌糊涂，连亲生骨肉都可以不要。项羽逃到乌江的时候，还有船夫接应他——

> 江东虽小，地方千里，众数十万人，亦足王也。愿大王急渡。今独臣有船，汉军至，无以渡。

回去吧！咱们东山再起！要是刘邦遇上这等好事，必定谢天谢地：好啊！太好了！留得青山在，不愁没柴烧！可项羽则说：

> 天之亡我，我何渡为！且籍与江东子弟八千人渡江而西，今无一人还，纵江东父兄怜而王我，我何面目见之？纵彼不言，籍独不愧于心乎？

他此刻想到的竟然是自己的乌骓马：

> 吾知公长者。吾骑此马五岁，所当无敌，尝一日行千里，不忍杀之，以赐公。

跟了他已经五年的战马，辛苦劳顿，项羽感激它！你收下它，养育它，守护它，我项羽的灵魂就在，精神就在！

而之前的文武之道可能如此吗？不可能！之后还有这样的人吗？史迁很绝望，他之所以要把项羽放在十二本纪的巅峰之上，就为了充分展现生命世界中的这位大丈夫，这位烈汉子，他的阳刚与伟岸！这是一个顶天立地者，他的死绝对比泰山还重！

可是，在后来儒家的教化观中，项羽就成了一个草莽了，一个鲁莽而愚蠢的人，一个失败者。在班固的《汉书》里，项羽的地位急剧下降，竟与陈涉合传。事实上，在没有彻底被"教化"的民间，项羽仍是真的英雄，深入人心。与其说刘邦是个成功者，毋宁说他是个暴发户。人民还是蛮聪明的。史迁知道，在未来的儒教帝国里，项羽那种富有生命强力、生存勇气的个体，再难有容身之地了。他希望把项羽放在历史的高峰上，让项羽成为未来人们远眺时，偶尔能看见的一座纪念碑，成为偶尔能唤醒人们文化记忆的一座灯塔。

这，揭示了史迁企慕的大立法者所应具有的精神气魄。

这，传达了史迁所赞赏的立法精神和原则。

史迁期待的是，在立法者创立的制度秩序中，个体生命能够涵养阳刚的精神气质，而荡涤源于生命欲望的阴柔之气。用尼采的话说，是主人道德，而非奴隶道德，为人们的生活世界立法。

史迁与尼采的确是孤独相望千年的知音,在他们重估一切价值的孤绝之思中,我仿佛看到了人类新文明的一抹朝霞。

然而,史迁之后,那些自称儒生者,大多目盲,好幻想,喜空言。惜乎?惜哉!

第二讲 "五帝"的政治德行

非常感谢各位爱好读书的朋友！我们聚在一起，是为了分享阅读的体会。

我想先说说读书小组名字的来由。在最初给读书小组命名时，我结合自己的读书经历，期望它能传达一种无所用心、不以功利为目的的读书态度。

我曾经念过苏轼的一首词——《江城子》，是他在流放黄州时创作的，词曰"雪堂西畔暗泉鸣"，我甚是喜欢。元丰五年正月，苏轼在黄州城东南郊修建住所五间，时值下雪，遂绘雪景于壁上，取名"雪堂"。在词序和词中，苏轼都表达了自己对陶渊明的企慕。陶公做了八十来天的县令，毅然辞官还乡。《五柳先生传》，在某种意义上说，是诗人的自传，五柳先生"好读书，不求甚解；每有会意，便欣然忘食"。苏轼漫步东坡，怀想陶公当年游斜川之旷达，感慨"只渊明，是前生。""雪堂"表明苏轼在经历挫折之后，心情依然不错。苏轼的一生是流浪的一生，与他之前的李白、司马迁不同。苏轼因被贬官流放而浪迹天涯，一路上，他并不牢骚满腹、哀哀戚戚，生活不管如何艰难，政治压力不管有多大，他的心态总是如雪后的天空一样，干净、明亮、广阔而辽远。中华文明能够孕育出如此这般的天之骄子！他有着值得深爱的某种灵魂。

所以，我给读书小组取名雪堂。尽管我们正处于走向世界、成为强国的好时代，但像苏轼那般纯洁、宽阔而辽远的胸怀与境界，在某种意义上说，正是这个时代所欠缺的。取名雪堂，是希望传扬苏轼的人格与精神，是一种希望的表达。

作为读书小组的召集人，我今天先开个头，给大家导读一次《史记》。

既然说到了苏轼，那我们就不妨从苏轼对于《史记》的态度说起。

在苏轼众多门生中，有著名的"苏门六学士"，他们是：黄庭坚（鲁直）、秦观（太虚）、晁补之（无咎）、张耒（文潜）、陈师道（履常）、李廌（方叔）。陈师道在《后山诗话》中有言：

> 欧阳永叔不好杜诗,苏子瞻不好司马《史记》,余每与黄鲁直怪叹,以为异事。

苏轼尤好班固的《汉书》,对史迁的文学才华也颇为赞赏,但对作为史家的司马迁却有诸多异议。他对史迁的批评主要集中体现在《史记》中对部分历史人物的记叙与评价上,比如商鞅和桑弘羊。在《东坡志林》中,苏轼判定史迁二大罪:

> 商鞅用于秦,变法定令,行之十年,秦民大悦,道不拾遗,山无盗贼,家给人足,民勇于公战,怯于私斗。秦人富强,天子致胙于孝公,诸侯毕贺。苏子曰:此皆战国之游士邪说诡论,而司马迁暗于大道,取以为史。吾尝以为迁有大罪二,其先黄、老,后《六经》,退处士,进奸雄,盖其小小者耳。所谓大罪二,则论商鞅、桑弘羊之功也。自汉以来,学者耻言商鞅、桑弘羊,而世主独甘心焉,皆阳讳其名而阴用其实,甚者则名实皆宗之,庶几其成功,此则司马迁之罪也。秦固天下之强国,而孝公亦有志之君也,修其政刑十年,不为声色畋游之所败,虽微商鞅,有不富强乎?秦之所以富强者,孝公务本力穑之效,非鞅流血刻骨之功也。而秦之所见

疾于民，如豺虎毒药，一夫作难而子孙无遗种，则鞅实使之。至于桑弘羊，斗筲之才，穿窬之智，无足言者，而迁称之，曰："不加赋而上用足。"善乎，司马光之言也！曰："天下安有此理？天地所生财货百物，止有此数，不在民则在官，譬如雨泽，夏涝则秋旱。不加赋而上用足，不过设法侵夺民利，其害甚于加赋也。"二子之名在天下者，如蛆蝇粪秽也，言之则污口舌，书之则污简牍。二子之术用于世者，灭国残民覆族亡躯者相踵也，而世主独甘心焉，何哉？乐其言之便已也。夫尧、舜、禹，世主之父师也；谏臣拂士，世主之药石也；恭敬慈俭、勤劳忧畏，世主之绳约也。今使世主日临父师而亲药石、履绳约，非其所乐也。故为商鞅、桑弘羊之术者，必先鄙尧笑舜而陋禹也，曰："所谓贤主，专以天下适己而已。"此世主之所以人人甘心而不悟也。世有食钟乳乌喙而纵酒色，所以求长年者，盖始于何晏。晏少而富贵，故服寒食散以济其欲，无足怪者。彼其所为，足以杀身灭族者日相继也，得死于寒食散，岂不幸哉！而吾独何为效之？世之服寒食散，疽背呕血者相踵也，用商鞅、桑弘羊之术，破国亡宗者皆是也。然而终不悟者，乐其言之美便，而忘其祸之惨烈也。

苏轼对史迁的批评显然带有鲜明的时代印记,他一生的悲苦遭遇都与王安石变法有关;他批评史迁则完全承袭了班固的汉儒立场与观念。而置身于"罢黜百家,独尊儒术"的武帝时代的史迁,却又与汉儒立场和观念格格不入。

苏轼说:"夫尧、舜、禹,世主之父师也。"作为一部纪传体史书,《史记》正是以《五帝本纪》开篇。或许,我们能从《五帝本纪》中获悉破解苏轼悲苦遭遇的历史密码。

(一)

史迁为什么从"五帝"写起?从"五帝"写起的意义何在?

在《〈史记〉集评》中,周振甫先生辑录了历代学者对此的诸多看法。其中一种看法认为,这是由史书写作的正本清源、追根溯源的固有特点决定的。比如,《左传》作为一部编年体史书,就是按照时间顺序来写作的。《史记》作为一部史书,当然也有其源始,也有一个时间意义上的流程。而且,史迁自己也说了要"通古今之变","通古今",就意味着《史记》具有通史的性质。事实上,这就是有关华夏文明的第一部通史。

孔子以鲁国史为主编修的《春秋》，在内容上更偏向于政治精神，并非纯史书性质的作品。《史记》作为一部集经史子集为一体的巨著，虽然继承了孔子修史的基本精神，但它毕竟是一部正宗的史书，乃文史之宗。作为第一部华夏文明通史，《史记》记叙了华夏民族的治乱兴衰，或者说，记叙了华夏文明由诞生到发展再到衰落的一段历史。

《史记》作为一部通史，以"五帝"为开端，一直记叙到史迁自己所处的时代，开创了不同于儒家经学传统的史学传统，放弃了注经学的崇经立场，实录史事，辩证史事，以求真为立场和前提，这就有了对史事和以往"君子之言"的校正与评判。而且，史迁将过去难登大雅之堂的田野调查所收集到的资料，也作为其撰史的重要资源，开辟了从民间到官方，从下到上，从自身的生活阅历中获取史料的新途径。史迁还坦言，其创作《史记》，只不过是"述往事而思来者"，将以往的各种史料加以集中，斟酌取舍，在力求著史真实性的基础上，表达精神上的追求。

史迁在《五帝本纪》的赞中说：

> 学者多称五帝，尚矣。然《尚书》独载尧以来；而百家言黄帝，其文不雅驯，荐绅先生难言之。孔

子所传《宰予问五帝德》及《帝系姓》，儒者或不传。余尝西至空桐，北过涿鹿，东渐于海，南浮江淮矣，至长老皆各往往称黄帝、尧、舜之处，风教固殊焉，总之不离古文者近是。予观《春秋》《国语》，其发明《五帝德》《帝系姓》章矣，顾弟弗深考，其所表见皆不虚。《书》缺有间矣，其轶乃时时见于他说。非好学深思，心知其意，固难为浅见寡闻道也。余并论次，择其言尤雅者，故著为本纪书首。

这里，史迁给出了以"五帝"开篇的一个重要理由，也是很现实的一个理由：虽然人们都说"五帝"之前还有"三皇"，但几乎所有的学者著书都是从"五帝"开始的，这已经成为一种传统。此外，见于文字记载，对于"三皇"的描述很少。一部史书的编撰，要有一定的史料依据，因为史料的缺乏而不得不舍去"三皇"，以"五帝"作为记述的开端。

更重要的内在原因还在于，整部《史记》都是在"述往事"，而其中的"事"，要求所记述的，不能仅为一种传说，一种神话，而必须是实实在在的事。人们关于"三皇"的记忆，更多的是一种精神内容，没有具体而真实的事可以记述，即使有故事，也是人们口耳相传的传说，根本无法验证其真实性。之所以从"五帝"开始，是因为当时发生了一件重要的事,史迁判定它是真实的,且是值得记述的。这件重要的事就是战争,在整个华夏文明史上,它具有极其重大的意义,推动了从部落到部落联盟,从散到合,从无组织到有组织的社会形态转变;同时还导致了"王"的出现,并催生出了明确的社会秩序意识。这对华夏文明至关重要。

《史记·太史公自序》交代《五帝本纪》之宗旨:

> 维昔黄帝,法天则地,四圣遵序,各成法度;唐尧逊位,虞舜不台;厥美帝功,万世载之。作五帝本纪第一。

这正是史迁关于"事"的独特理解和明确表达。

何谓"独特"?钱钟书先生在其《管锥篇》中引"周广业之说,《蓬庐文钞》卷二《〈史记〉首黄帝说》略云",就是对史迁"独特"之处的揭示:

> 《史记》之首黄帝,非其本意,观《五帝本纪·论》及《自序》,再参之《封禅书》,可以知之。一再称"尧以来""陶唐以来",明乎删《书》断自唐虞,前此宜置勿论。然汉自高帝起,有祠黄帝于沛庭;《外戚世家》言窦太后好黄老;孝景武帝皆读

其书，武帝用李少君说，至有"吾诚得如黄帝，视妻子如脱躧"之叹。

黄帝作为对华夏文明做出了巨大贡献的一位君王，汉武帝没有记住他的功绩，反倒记住了黄帝在羽化、永生等方面的作为，因而武帝是不具备政治德行的。因此，周广业认为，史迁之所以以《五帝本纪》开篇，是因为《史记》实质上是一部谏书，相较于通史，它更是一部当代史，是写给当朝皇帝刘彻看的，目的在于借黄帝来劝谏汉武帝。

　　《史记》是以黄帝的战争开始说"事"的，而当朝皇上干了三件大事。第一件大事是"罢黜百家，独尊儒术"，史迁对此当然是有看法的。《五帝本纪》在选材方面与夏商周"三代"本纪就有不同意味，虽然取材《尚书》，却抛开了儒家的意义阐释，对《孟子》的引用更是加以"断章取义"，写黄帝的战事确乎可以说是对汉武帝"罢黜百家，独尊儒术"的一种抗议。这并不是重点所在。汉武帝做的第二件大事是征伐匈奴，这是他最重要的政绩。在武帝之前，汉朝各代皇帝都是采取和亲这种屈辱性的政策，以换取与匈奴之间的短暂和平，那是一段不堪回首的往事。正是武帝的讨伐政策使得汉朝雄风乍起。可史迁又是怎样看待持久征伐匈奴这件大事的呢？这也隐含在《五帝本纪》之中，因为史迁一开篇就写了著名的涿鹿之战。汉武大帝做的第三件大事就是封禅，祭祀众神。这是必须做也只能由武帝本人亲自做的一件事，汉武帝对此很感兴趣，乐此不疲。可封禅却是一件相当劳民伤财的事，史迁的态度同样蕴含在开篇的《五帝本纪》之中，因为封禅这件事，恰恰始于黄帝。

史迁在《五帝本纪》中记叙的事，确乎对应于汉武帝干的三件大事。因此，周广业认为《史记》实为一部谏书，是写给当朝皇帝看的。《史记》意在当朝，因此又被认为是一部当朝史，或当代史。

从这个角度来看，《史记》可谓"前有古人，后乏来者"。"古人"指的是孔子，因为孔子编修《春秋》，用意也在当朝。孔子有"知我者《春秋》也，罪我者亦《春秋》也"的说法，这体现了当朝史所蕴含的独特意义。史迁传承了孔子这一独特意义。"后乏来者"是很显然的，史迁之后的正史，的确少有传承孔子独特用意的当朝史了。

融合通史与当朝史为一体，史迁作为"史圣"，当之无愧。

基于此，我们再去理解《五帝本纪》，其意义，就不再仅仅作为通史之始源那么简单了。以《五帝本纪》开篇，摆开了通史的阵势，但从开篇中我们品味到的又是一部当朝史、当代史。这要求史家既要有史才，更要有史德。记述过去的历史，需要史才，对史德的要求不一定很高；而记述当代,绝不可缺的却是史德。这里的"德"不仅仅是一种识见,更是一种勇气,一种智慧。

这就是《史记》以《五帝本纪》开篇的意义。有了这个思想前提,我们接下来的阅读也会有趣得多。不同于阅读通史,从当代史的角度,我们可以更深入地把握《史记》的经络和结构,以明白史迁所说的"通古今之变"的"变",以及他所谓"成一家之言"的"言",究竟何所指。

(二)

如果我们把《史记》当作一部当代史,甚至是一部具有谏书性质的当朝史,那么《五帝本纪》就是史迁的追忆式书写——站在当下,怀抱自己的立场,对始源的追忆。这无所谓主观还是客观,只是选定了一种视角,让史料的意义得以呈现。回溯、追忆过往,意在思考我们何以走到今天,"述往思来"是史迁创作《史记》的宗旨。

人世间的事有源有流,其来有自。尤其是政制,其秩序的建构绝不可能是偶发奇想的结果,它一定经历过一个有所继承、有所保留,有所发扬、有所背弃的过程。当代是历史的产儿。这样的史观,可以说是史迁对孔子编修《春秋》的精神的传承。

《史记》是一部具有追忆性质的史书,追忆性质要求一种共识和对话,这也就是史迁所说的,学者们记述"五帝"所形成的谱系传统。立足当代,追忆历史,必定意味着对一个有理念、有方向、有秩序的谱系传统的重述。

"追忆"和"重述"正是引导我们阅读《史记》的两个重要语词。显然,任何一个人对历史的追忆,都有其个人立场,这意味着每个人对其当代的历史重述,乃是一种体现其个性的建构。这就是史迁所谓的"成一家之言"。

史迁的"成一家之言",乃是一种意义重述,这涉及引导我们阅读《史记》的第三个词:悼念。这个词具有"志"和"情"两方面的含义。过去有所谓"诗言志",而史迁是通过"述往事"以言志;"情"则是史迁的悼念之情,悼念正面临危机(或已经消逝)的某种政治德行。悼念意味着一种寻找,但与汉武帝神话式的寻找不同,史迁是对其所悼念的政治精神与德行之历史轨迹的寻找。

史迁之所以对诸子百家记述历史的文本给予重视,是因为他期望从中寻找到历史真相的痕迹。他还说:

> 余尝西至空桐,北过涿鹿,东渐于海,南浮江淮矣,至长老皆各往往称黄帝、尧、舜之处,风教固殊焉,总之不离古文者近是。

这表明，他不仅从历代学者处获得史料，而且走访大江南北，深入民间，从民间的传说、记忆当中搜寻历史的痕迹，去确证史料。所谓"求是"是也。史迁不仅读万卷书，更是行万里路，他10岁时就能诵古文，20岁开始壮游天下，几乎游遍幅员辽阔的帝国疆域，一路认真勘察，艰苦思索，不是游山玩水，而是真正意义上的心灵苦旅。

《五帝本纪》开篇，是从黄帝说起的：

> 黄帝者，少典之子，姓公孙，名曰轩辕。生而神灵，弱而能言，幼而徇齐，长而敦敏，成而聪明。

在我看来，这几句话极其重要，因为我刚才提到的三个关键词，就潜藏在这几句话之中。

从这一句话中我们可以看到，黄帝再也不是神话人物，不是神之子，而是人之子，是现实存在的血肉之躯。"言"表明他是有记忆的，善于表达的。由此我们还可以发现，史迁笔下的黄帝，与《封禅书》中记载的汉武帝心中的黄帝，是多么地不同。他将黄帝从神话传说中抽离出来，给予理性的叙述，黄帝再也不是什么神灵般的存在，而与我们一样是凡胎肉身，只是天赋聪慧罢了。

> 轩辕之时,神农氏世衰。

黄帝作为制度的象征符号,其来有自,有其特定的精神内涵。史迁的目的更在于,将黄帝从虚无缥缈的"三皇"神话中抽离出来,让其与世俗生活相关联,以便为重述黄帝的言与行提供可信服的依据。

> 诸侯相侵伐,暴虐百姓,而神农氏弗能征。

这句话表明,黄帝之为黄帝,在于他做的一件事,就是收拾混乱局面,重整秩序。史迁所要追忆和悼念的政治德行,正是从这件事中得以体现。黄帝重整秩序的方法,就是征伐:

> 轩辕乃习用干戈,以征不享,诸侯咸来宾从。

这里需要强调的是,史迁显然不仅仅是记叙一场战争,更是通过重述、追忆的方式,对一场在华夏文明源起中起了重要作用的战争,进行综合性的叙述,目的在于体现其精神意义。其具体内容,则无关紧要,纠结于战争史料是否真实,反倒无趣了。史迁因此总结说:

> 诸侯咸尊轩辕为天子,代神农氏,是为黄帝。

这表明,一个文明秩序诞生了。黄帝乃是这个文明秩序的象征,象征着独具品质的文明秩序的开端。

从"少典之子"到"是为黄帝",史迁追忆、重述、悼念了华夏文明的历史起源,完成了从神到人的立法者形象的转换。

> (而)天下有不顺者,黄帝从而征之,平者去之,披山通道,未尝宁居。

黄帝作为立法者,为文明秩序的建构做出了巨大努力,是绝对"公"的立法者形象。

总而言之,在史迁笔下,黄帝乃是实实在在的血肉之躯,已无任何神兮兮的因素存在。

这位立法者所追求和创立的华夏文明秩序,其疆域情况是这样的:

> 东至于海,登丸山,及岱宗。西至于空桐,登鸡头。南至于江,登熊、湘。北逐荤粥,合符釜山,而邑于涿鹿之阿。

政治秩序的建构当然包括权力结构的构建——

> 官名皆以云命,为云师。置左右大监,监于万国。

正是基于权力结构的建立和功能的发挥,秩序才能够维系和有效运行。这同时也表明,立法者政治权威的建立,不再纯粹依靠个人武力。顺便提一下,这一点也体现在史迁对于项羽的政治评价上。

这种政治秩序建构的结果是:

> 万国和,而鬼神山川封禅与为多焉。

这里提到了封禅。不过,与《封禅书》中的封禅相比较,无论精神品质,还是目的、运作目标,都有质的不同。"获宝鼎,迎日推筴。"鼎是最高权力的象征,而历法关涉生活秩序,官吏的治理依据历法所体现的自然规律:

> 举风后、力牧、常先、大鸿以治民。顺天地之纪,幽明之占,死生之说,存亡之难。

自然节律乃是涵养华夏族政治与心灵秩序的根本源泉,而不是战争。因此，史迁最后提到了"黄帝"一词，说：

> 有土德之瑞，故号黄帝。

这里的"黄帝"区别于之前的称呼，指的是一种政治德行，一种内外兼修的政治德行，用《左传》中的话说，就是"国之大事，在祀与戎"。

再读《今上本纪》，我们不难发现，武帝所做的一切大事，确乎都能在开篇的《五帝本纪》中找到对应的内容。通过对黄帝时代政治德行的追忆、重述与悼念，产生对当朝皇帝政治行为的劝谏效果，未尝不是史迁的期待。《史记》确乎是一部具有谏书意义的当代史。

（三）

黄帝作为凡人，有生有死，然由其开创之文明秩序则将继续。其精神品质的传承与发扬光大，才是史迁关注的重点。

作为人之子，黄帝也是有家庭的，但他的权力并没有世袭下去，传承的依据不是个体血缘关系，而是德行和品质。史迁关于血缘谱系的描写是群体性的。

"五帝"之二叫颛顼，史迁对颛顼的描述是：

> 静渊以有谋，疏通而知事；养材以任地，载时以象天，依鬼神以制义，治气以教化，洁诚以祭祀。

显然，这里涉及的事情还是黄帝所做的那么几件，只是与黄帝相比，少了战争。这绝不意味着在颛顼时代，天下是绝对和平的，没有战事。史迁想要表达的不过是，虽然文明的开创是通过战争完成的，但文明品质的传承，却不是通过战争可以实现的。史迁记述了颛顼时代疆域的扩张，这种扩张不可能与战争无关。他只是想表明，一种文明的发展，依靠的是秩序品质的自身蔓延，关键已不在武力。这是很有意思的一种写法，暗示了史迁想要追溯和悼念的东西究竟是什么。

第三帝叫喾，他也不是通过血缘关系继承权力的。这里值得我们注意的是，史迁在介绍黄帝之后的继承者时，总要描写其与黄帝的关系。比如，帝颛顼是"黄帝之孙而昌意之子也"，帝喾则是"黄帝之曾孙也"。这样写并不是要追溯他们与黄帝个体之间的血缘谱系，而是要强调对黄帝政治德行的一种族群性传承。这体现出了史迁的史书笔法，他总是在反复强调对黄帝政治德行的传承，其强调的方式，绝不是单纯重复，而是运用一种史诗笔法，类似于咏叹调，旨在突出其精神内核。比如，史迁记叙了帝喾所做的最重要的一件事：

> 取地之材而节用之,抚教万民而利诲之,历日月而迎送之,明鬼神而敬事之。

将农业文明秩序加以发展,使其更加稳固,甚至达到了"仁而威,惠而信,修身而天下服"的境界,这是华夏文明精神内核的进一步开示。同样地,史迁仍然没有写战事。

至此,史迁已经叙述了"五帝"中的三帝,且对这三帝的叙述,都极其简略。其中稍详细的是黄帝,但并不是针对黄帝本身,而是针对其政治秩序的结构;颛顼、帝喾,则主要针对他们对黄帝政治德行的传承,均有意省去了战争的内容。我们要理解的,便是史迁这样写的原因:如果后世仍是战争连绵,就无法体现出对黄帝所代表的文明之精神品质的传承、发展与稳固了,也就不能说黄帝是开辟文明秩序的立法者了。可见史迁的笔法,的确是极其内敛而高明的。

记述尧、舜两帝,史迁花了很大的篇幅。原因有很多,首先是史料丰富,因为诸子百家在论证其政治主张时,几乎都要从尧、舜两帝开始追溯其学说之渊源;其次是要通过对尧舜的记述,把黄帝所代表的文明秩序之精神品质的核心内容,充分地展现出来。他们已经是一种成熟的生命形态了,因此,史迁不再分别写尧舜,而是将两者合起来加以叙述。

我们这就跟随史迁,走进尧舜时代——

> 帝尧者,放勋。其仁如天,其知如神。就之如日,望之如云。富而不骄,贵而不舒。黄收纯衣,彤车乘白马。能明驯德,以亲九族。九族既睦,便章百姓。百姓昭明,合和万国。

这一段叙写体现出,经过前面三帝的建制和发展,尧的时代已然是一派祥和、有序的景象了。山川壮丽,江河纵横,气象泱泱,华夏族屹立天地之间。这是政治德行传承与发展的结果。

史迁追溯和悼念尧舜时代,异常庄重而肃穆。他所追溯和悼念的,正是那个时代充分展示出来的"顺天应民"之德行品质。这种追溯和悼念,显然又是站在反思与批评其当朝的立场之上,悲剧性地进行的。我们由此再一次看到了《史记》作为谏书的一面。

尧具体做了哪些事?

> 乃命羲、和,敬顺昊天,数法日月星辰,敬授民时。

尧将黄帝以来的官制进一步完善化和体系化了，更加明确官员的分工，而所有这一切，均是"顺天应民"的体现。我们同时还可以看到，后来的夏历、太初历，实际上也包含在尧之"顺天应民"的政举之中。有了"顺天应民"基本政治德行作为铺垫，后面就重点写了尧对黄帝以来政治秩序的传承与发扬光大，对所谓"谁可顺此事"给予了明确回答。答案就在对帝王选举制度的记叙之中。

当然，这与现代选举制度是不同的。其具体过程为先"选"，排除那些夸夸其谈者。本来先选了尧之子，即"嗣子丹朱开明"，尧将其否决了：

吁！顽凶，不用。

丹朱被尧否决，乃因其不具备起码的德行。又选了共工，尧又将其否决了，认为共工：

善言，其用僻，似恭漫天。

这是一个典型的巧言令色者，同样不具备德行。而禹的父亲鲧则是因为无能，也被否决掉了。

"选"之后是"举"。

> 尧曰:"悉举贵戚及疏远隐匿者。"众皆言于尧
> 曰:"有矜在民间,曰虞舜。"

从这句话可知,舜是通过"举"的方式脱颖出来的。这里,我们可以如此判断:如果"五帝"之间,不是以这种禅让的方式,而纯凭血缘关系选择接班人,那么也就不存在我们一直强调的"五帝"对于政治德行的承继,以及文明秩序的稳定与发展了。

另一件值得我们注意的事情是:

> 于是舜归而言于帝,请流共工于幽陵,以变北狄;放讙兜于崇山,以变南蛮;迁三苗于三危,以变西戎;殛鲧于羽山,以变东夷:四罪而天下咸服。

这一段叙述极其重要,因为它从整体上,向我们呈现了华夏族是如何融合、形成和发展起来的。此乃最初的民族大融合之真实写照,呈现出一种以中原地区为中心,四面聚拢的融合趋势。

当然,这里最经典的还是舜的故事,正是从这个故事中,我们才看到了黄帝的政治德行是如何传承和演变的。这个故

事，孟子常讲。史迁对孟子的讲述，做了实质性的改变。他采用了对话的方式，这是一种史诗笔法，目的在于更好地表现尧对"顺天应民"之政治德行的传承与发扬。这也是史迁受孟子影响的一个证据。

（四）

《五帝本纪》重点在尧舜，除了文献资料丰富的原因外，更重要的是写作意图使然。关于黄帝，史迁主要写战争和人文地理，这两者是相关的：战争是一种征伐，之后建立了有序的人文地理。颛顼和帝喾写得很简略，表明华夏精神文明在传承中逐步生长。尧、舜则是对黄帝所代表的华夏族文明精神的发扬光大。

而尧舜时代的重点又在舜。讲到舜，就有一个问题凸显出来：记叙尧的时候，史迁就已经提到了个人的私的问题，到了舜，其个人的生活，个人的遭遇，个人的成长，史迁写得非常细，私的问题愈发凸显。

史迁撰史都有所本。政治生活有《尚书》的《尧典》；个人生活，孟子讲了很多，史迁依据的是不是就是《孟子》呢？这是个问题，因为最后的"太史公曰"并没说引述了《孟子》。对此，有各种解释，有人说，《孟子》为"子"，不及《春秋》

《尚书》的高度，泛称即可，不用专门提及。有这种可能性，史迁自己就说过："学者多称五帝，尚矣。"只是这种解释过于直白浅显，如果没有史迁的《史记》，很多人就默默无闻了，史迁为孟子作了传，是很重视孟子的。但交代《五帝本纪》的史料来源时，史迁没有提到孟子，原因究竟在哪里？

《孟子》一共七篇，各分上下，计十四章。舜的故事，主要是在《万章》和《尽心》篇中讲述的。《孟子》七篇，从来没有人认为是别人代写的，从中，我们可以看到先秦文体的大转换。之前是《诗》《书》，战国时有赋体，以屈原为代表，有孟子的对话体，还有庄子的散文体。《庄子》中也有对话，但把时空都隐去了，人物都转化了。荀子写的就是标准的论文了。我们看《孟子》全书，跟孔子的讲述基本一致，《孟子》的文体源于《论语》。庄子要比屈原早一些，他的《庄子》更接近屈原的赋文。从这样的角度看，史迁之所以没提到《孟子》，可能因为《史记》是在述史，《孟子》也是一种述史，依据的文本是一样的。换句话说，有关舜的故事不是孟子编出来的，而是有其出处，只不过，我们看不到孟子依据的蓝本了，而史迁可能看到了。史迁讲舜的故事，非本《孟子》，只是参照了《孟子》的解读。他们是怎样阐明相同的故事的？史迁和孟子的趣旨异同，才是值得我们重点关注的。

《万章》的开篇，是孟子回答学生万章的问题。万章问：

> 舜往于田,号泣于旻天,何为其号泣也?

万章提问,未述背景,是孟子帮我们把故事补充完整了。

思想家和史家阐释同样的故事,是有差异的。这里,有两个故事。第一个是年轻时的舜和他父亲的故事。

我们前面说到"选"和"举","选"是在名流贤达之间进行,"举"则是包括前者在内的民间之举。《史记》作为谏书和当代史告诉我们,武帝当朝一开始也是选举,即"召对贤良"。无论从民间"举贤",还是后来的"举孝廉",都谈不上什么大的创举。被举荐者德行要高,要是孝子贤孙,舜就是举出来的,他的孝太有名了。其父是个乡野农夫,没什么德行,但长寿,是个瞎子,叫瞽叟;舜还有个后妈,后妈还生了一个弟弟,叫象。瞽叟对舜特别刻薄,刻薄到想要了他的命。他的弟弟德行也极差,毫无人伦之德。史迁反复咏叹这个故事,绝不是为了凑字数。这个故事,在结构上,正呼应汉代的选举制度,当时特别强调孝悌。

《论语》中也特别强调这个问题。《学而》篇第二章载:

> 有子曰:"其为人也孝弟,而好犯上者,鲜矣;不好犯上,而好作乱者,未之有也。君子务本,本

立而道生。孝弟也者，其为仁之本与。"

孟子之所以讲舜年轻时候的故事，其实就是在思考孝悌是不是"仁之本与"。史迁从来不说什么孔孟之道。孟子不过是先秦诸子之一，"诸子百家"的说法是最准确的，一人就一"家"，孔子就是一"家"，他还有七十二贤徒，传到子思、孟子，也都是诸子之一。讲家法学统，无异于讲站队。诸子共同面对的，是夏商周三代礼乐秩序的分崩离析，都在献计献策，都在提出自己的主张。"诸子百家"何止百家！既然是"诸子"时代，孟子也就没有特别需要守护的所谓儒家立场。在对舜的故事的评述中，这一点就体现得很明显。

　　孟子的落脚点和关键命题是什么？面对这样的父亲，舜好像很委屈，竟然跑到田野里哭泣。万章的疑问是，既然舜的德行极高，还跑到田野去哭啥？这不是任劳不任怨吗？孟子怎么回答的呢？他和史迁不一样，孟子最后抛出来的一句话是：

　　大孝终身慕父母。

这好像与"孝悌也者其为仁之本与"，与汉代的"举孝廉"是一样的。其实，孟子只是诸子之一，在他看来，舜不是任劳不任怨的问题，病根在于：

> 为不顺于父母，如穷人无所归。

舜的人生际遇其实很不错，尧把两个女儿都嫁给他了，还把众臣、儿子派给他指使。孟子却说，哪怕有了这些财富、权势、美色，都不能解其忧：我的父母怎么就那样对我，竟然让我毫无所获、毫无凭靠！自己哪是富有天下啊！倒是个真正的穷人！人在血缘、自然性情上出了问题，便会陷入无法化解的忧愁当中。没有材料给我们交代为什么是这样，好像是命中注定似的。孟子谈论的重心就在这里。

在人类文明的先知中，好像只有一个人能够超脱，并因此得道，他就是佛陀。佛祖本来是个王子，有妻室，但最后还是出家了。孟子的解释和《论语·学而》篇第二章是不能衔接的，孔子与孟子，在这个问题上分道扬镳了。孟子后面还说：

> 是诗也，非是之谓也；劳于王事，而不得养父母也。……故说诗者，不以文害辞，不以辞害志。以意逆志，是为得之。

孟子在《尽心》章中，还有更著名的"君子三乐"之说：

君子有三乐,而王天下不与存焉。父母俱存,兄弟无故,一乐也;仰不愧于天,俯不怍于人,二乐也;得天下英才而教育之,三乐也。君子有三乐,而王天下者不与存焉。

"三乐"都是私,而不是公。这与有子的说法差异太大了。孟子把个体生命必定置身其间的秩序分为两类:一是自然血缘秩序,二是政治伦理秩序。"大孝终身慕父母",说的是自然血缘秩序,不管舜富有天下与否,缺乏血缘亲情都是令其极为伤感的事情。直到现在都这样,一个人什么都好,但"子欲孝而亲不在",还是令其不胜伤感。尽管如此,当谈到王天下、治理天下时,就不应该把自然血缘秩序扯进来了。舜和我们一样,也有一个终身摆脱不掉的牵绊,问题在于,他治理天下的德行,是否要与孝悌关联起来?孟子其实是在传递这个思想主题:个体生命如何对待和处理公与私两种秩序的关系问题。

我们再来看孟子关于舜的第二个故事,写在《尽心》篇中。

桃应问曰:"舜为天子,皋陶为士,瞽瞍杀人,则如之何?"

> 孟子曰："执之而已矣。"
>
> "然则舜不禁与？"
>
> 曰："夫舜恶得而禁之？夫有所受之也。"
>
> "然则舜如之何？"
>
> 曰："舜视弃天下犹弃敝屣也。窃负而逃，遵海滨而处，终身欣然，乐而忘天下。"

孟子知道，当舜从天子回到人子的位置上时，其公与私绝然对立，必须抉择。可"窃负而逃"，问题解决了吗？说问题解决了，也可以，因为在私，舜守护了所谓的孝道；说问题没解决，更符合实际，因为即使"窃负而逃"，天下秩序还在，皋陶还在，逃到海滨，瞽瞍（叟）也依然是个杀人犯。"尽心"的"心"是私心，私心得尽，公心无着，逃亡并非公私兼顾的路。这是人类的难题。

孔子周游列国，到了负函，负函的长官叶公告诉孔子：

> 吾党有直躬者，其父攘羊，而子证之。

这里提到了"直"的问题，其实就是自然性情的问题。毕竟是儿子告发父亲，叶公一走出办公室就犯嘀咕了，所有富有逻辑的讨论，都难以解决人之为人的生命感问题。孔子听后说：

> 吾党之直者异于是：父为子隐，子为父隐，直在其中矣。

叶公和孔子提出了一个大问题：天下治理该如何面对自然性情（直）呢？治理天下，不应是对"直"的扭曲、遮蔽、压制，更不应置之不理。

孟子在说舜"窃负而逃"时，其实回避了这个问题。《论语》还记载了另外一个故事——《庄子》也记述了这个故事，因为，微生高和尾生可能是一个人：

> 子曰："孰谓微生高直？或乞醯焉，乞诸其邻而与之。"

微生高不直，他的行为违背了自然情性，孔子说得很清楚。《庄子》里的故事是：

> 尾生与女子期于梁下，女子不来，水至不去，抱梁柱而死。

尾生这样地说话算话，不食言，不违约，同样违背了自然情性。尽管公共秩序应该守护自然情性,但其基础不应是自然情性。公共秩序如果不建立在自然情性之上,还可能使自然情性得以保全;如果建立在自然情性之上,则必然大规模出现曲或伪。孝悌之情感心理能否作为秩序重建的基础,是个令先秦诸子纠结的难题。

那么,史迁是怎么说舜的故事的呢?他在讲完尧与舜的禅让后,就集中对舜的身世进行了介绍:

> 虞舜者名曰重华。重华父曰瞽叟,瞽叟父曰桥牛,桥牛父曰句望,句望父曰敬康,敬康父曰穷蝉,穷蝉父曰帝颛顼,颛顼父曰昌意:以至舜七世矣。自从穷蝉以至帝舜,皆微为庶人。

这里的"七世"并非实写,和记述颛顼、帝喾、尧一样,仅仅是要与黄帝接续起来,以示精神品质的传承。家世的叙述,与个体血缘谱系无关,是族群意义上的叙述。

史迁也记述了父不慈却子孝的舜的故事,和孟子的"大孝终身慕父母"相似,仅仅是就自然性情而言,不涉及政治伦理秩序。

> 舜顺适不失子道,兄弟孝慈,欲杀,不可得;

即求，尝在侧。

舜之为舜，始终不因为自己身处恶境、险境，而扭曲改变自己的"直"，不失自己生命的本然状态，这意味着什么呢？史迁一直在说偶然性。人的命运不都是那么合乎节奏、规律、道理的，舜之所以没有丧失掉直，其实是天赋的、偶然的，并非礼乐训练、教导、驯化的结果。刘邦当皇帝以后，也要祭孔，这事关公共秩序，和个人德行是两回事。刘邦个人德行极差，而且天生如此。自然性情是偶然的、天命的，但是公共理性的取得就必须通过人为的努力，想要王天下就必须寻求公共秩序建立的可靠基础。

史迁详细记述了尧对舜的全方位考察，这一过程体现的正是一种公共理性精神。尧对舜进行了内外考察。内，把自己的两个女儿嫁给舜——如果舜是假的，道貌岸然，那他两个女儿一定会知道。在外的考察上，尧做了更多的工作：尧让舜摄政二十多年，这绝不是随意的，而是为了看舜的制度建设与治理能力；尧派舜到深山老林中去，看舜能否临危生智，这是对其生存能力和勇气的考察；尧还派舜做外交官，处理周边问题。所有这一切，都是客观的理性的考察——别忘了，史迁说过，尧"其知如神"。

史迁接下来的叙述，和孟子就大不一样了。孟子始终在考虑心性问题、自然性情问题，很像一个诗人；史迁的重点则放在政事上了，再没讨论天赋、心性的问题。在史迁笔下，舜成了从黄帝以来，政治品性、职事布局的集大成者，他对二十二人的任用考核，对天下地理区划的完善——由九州变为十二牧，都是公共理性的展示。史迁是史家，孟子"窃负而逃"的构想虽富诗意，但史迁是绝对不会择取的，否则，尧不是瞎眼了吗？竟然把天下交付给一个"弃天下犹弃敝屣"的人！

（五）

史迁的主要使命是"通古今之变"。"古今"是从五帝到他所处的时代，"变"则主要指华夏族政制之演变。这个过程，当然也涉及华夏族的心灵史、精神史，或者说人性的成长史——事关对生命意义的把握，对生活目标的追求，对政治理念的探寻。史迁直面"今"之结构、秩序、政治精神原则，而"述往事，思来者"。

《五帝本纪》开篇主要写了两条路：一条是黄帝以战争开辟的政治共同体的构建之路；另一条是政治共同体之政治精神、政治意识的自觉道路。史迁是怎么写的呢？

在《孟子》中，舜作为一个二十多岁的单身汉，没有去特别迎合某种制度。一个制度的存在，肯定会对人产生影响。《五帝本纪》并没有说舜是因为要成为什么，而刻意打造人生。史迁对舜在二十多岁出名前生活的描写，就已经隐含着某个东西，否则他没有必要写得那么详细：父亲、弟弟对他那么不好，而他却克制、忍耐，超越了这些不好。这的确展现了舜之天赋、自然生命力的强大。这种描写使得禅让制呈现出朝霞般的意义，也是毋庸置疑的。

如果说，从自然进程中寻求某种规律，进而模仿、习得，接受为制度惯习，是人类生活秩序形成的一条路径，那么，同样值得我们考虑的是，天赋般的自然在某种固化的教育模式下被扭曲的事实——用荀子的话说，叫"化性起伪"。生活中"表演"现象的实质可能在于，一个人并没有经过心灵的挣扎、较量，仅仅只是表演，所做的一切表面上都符合制度规范，但其内心却不以为然。伪善成为社会主流，就会导致严重的不公，对那些经历了分裂、挣扎、痛苦而自我驯化的人尤其不公，制度秩序这时就要出现问题，甚至面临危机。

孟子之后的儒家就把舜的天赋、本能、偶然性的东西尽量消除了，这集中体现在《礼记》的《礼运》篇中。舜成了大同的化身。何谓"大同"？

　　大道之行，天下为公，选贤与能，讲信修睦。

故人不独亲其亲，不独子其子，使老有所终，壮有所用，幼有所长，矜，寡，孤，独，废疾者皆有所养，男有分，女有归。货恶其弃于地也，不必藏于己。力恶其不出于身也，不必为己。是故谋闭而不兴，盗窃乱贼而不作，故外户而不闭，是谓大同。

"大同"之后为"小康"，遵循"亲亲尊尊"之原则。对当朝儒生为粉饰太平而阐扬的政治历史哲学，史迁作何判解？

史迁意在"通古今之变"。在汉武帝建立华夏族稳定的政治结构时，史迁明显感受到将血缘伦常上升为一种制度原则的不协调，他满眼都是做作与伪善，如公孙弘之流。史迁将董仲舒与公孙弘这两位当朝大儒做对比，正是要揭示这个制度在运行过程中可能会出现的问题。而《史记》以五帝开篇，则是为了探寻问题的实质所在。

这才是史迁写舜年轻时的经历的深层原因，而且写得那么尖锐、对立，甚至不合乎常识。其实又是合乎常识的，因为每个生命个体原本就是偶然的。在很大程度上，一个人的命运是偶然而不可计算的，切忌把偶然伪装成必然。所以，我们不应该问：发生在舜身上的那一切怎么可能呢？舜怎么那么倒霉呢？我们生活中不也会遇到种种偶然吗？生命的偶然性情同文明开端的偶然性。但文明秩序后来的演变，却不能用偶然性予以解释。舜的故事所隐含的，正是史家所求的"变"的原因之所在。

汉武帝晚年遭遇"巫蛊事件"，太子无奈自杀了，在传位给幼子弗陵时，又杀掉其母钩弋夫人。谁都明白，托孤于霍光时，奄奄一息的汉武帝最忧心的就是忠孝问题。《史记》一开篇就把汉武帝忧心的问题，通过舜年轻时的故事写了出来。舜可不是装的，他强大的个体生命力是个偶然，遭遇如此恶毒的父亲、继母和弟弟竟然可以活下来。他也很有能力，通过"选贤与能"而成为尧的继承者。一继位他就做了一件事，用天子的仪式拜见父亲瞽叟，行人子之礼，以表孝道。与此有关，按说他的恶弟弟成天玩阴谋诡计，绝非"贤与能"，舜却封他的弟弟为诸侯。舜成了儒家崇奉的孝悌榜样。公与私的纠缠，在舜这里埋下了种子，舜把私纳入了公的框架。

孟子好像为舜圆通了，说舜还是把公与私分开了，弄出一个"窃负而逃"的故事，叫舜宁愿放弃天下的公，也要成全身为人子的私。这个故事史迁偏偏不取。"窃负而逃"，为私弃公，好像成了中国人萦绕不去的大孝梦。史迁知道，这个梦将伴随一场又一场的噩梦。

（六）

《夏本纪》写得很简略，实际上只写了禹，写完禹干的事后，舜又出场了，此外，还有一个人出场，他叫皋陶。禅让制度面临着选择，皋陶的治国理政能力一点也不逊于禹，那舜为什么选择禹呢？

从家庭出身来看，禹还有点问题，他父亲因为治水无功被杀了。禹在表白自己的功劳时，还特别表达了这种感情：自己之所以兢兢业业、辛劳刻苦、没日没夜地干，其实是想为父亲赎罪——别忘了，这就是孝！在贤与能的层面，皋陶和禹是不相上下的，思想上，皋陶甚至超过了禹。

禹特别要表白自己，他治水十三年，过家门而不入，结婚才四天就离家了，妻子当时已经怀孕了。说到儿子启的时候，很遗憾没尽到做父亲的责任，内心抱愧啊！很庆幸的是，儿子很聪明。这里埋下一个伏笔，就是禹要打破禅让制的传统，开启父传子的世袭制，政治权力的传递将变成"家天下"了。

从《夏本纪》到《周本纪》，写的是三代礼乐文明。史迁的笔法是变换的，目的在于展示"家天下"的礼乐文明从产生到衰败的过程。《夏本纪》主要写了开创者大禹。大禹之所以能在政治舞台上击败皋陶，根本原因在于，他治水实际是在治国、治天下。自禹开始，五帝时代的禅让制发生了发实质性的变化。韩非子就认为禹是个阴谋家：他在治水过程中对政治资源尤其是对贡赋的掌控，使得舜不得不禅让于他——这就有了弑君的嫌疑，至少是一种逼迫，他最终让舜做了噩梦。法家的主张，从《夏本纪》的取材可以得到印证，从"大同世"到"小康世"，禹完成了从公到私的转化。

而完成这种转化的关键，不在于儒家倡导的德行，而在于政治之谋。史迁是史家，他告诉我们的是，政治技艺才是古今之变的关键。他并没有对三代礼乐文明的开创者禹进行道德上的挞伐与批判，而是将法家的批判和儒家的颂扬所导致的乌云和光环统统去掉，实实在在地回到历史，凸显政治技艺，将政治之为政治的真相揭示出来：兴衰的要害，就在于对政治技艺的把握、掌控、运用。而政治技艺所带来的精神性、品质性的东西，可以称为政治德行，换句话说，没有离开政治技艺的政治德行。这是对其当朝儒生的强烈批判。

周公是高明的，他将礼乐文明的核心封建制完善起来了。从禅让制到三代的分封建制，说到底还是利益之争的结果，当利益需要联合对外时，肯定要倚重联盟首脑的能力，当不需要这样的能力为各部落争取利益时，禅让制就只能成为记忆了。夏开始子继父，商夹杂着兄终弟及，到周最终确立嫡长子继承制，这其实表明五帝时代的部族联盟已经完成，或者说华夏族多元一体的结构已经形成。进入夏商周以后，血缘宗法的"亲亲尊尊"原则,必定取代强调贤与能的"大同"原则。但这样的制度设计同样暗藏着危机,血缘宗法伦常虽则温情脉脉,一样会催生令人惊惧的噩梦。

(七)

我们再回到《五帝本纪》。史迁告诉我们,尧的神明是舜所不具备的,舜世俗的聪慧看不透大禹的伪善和阴招。这就是为什么作为当朝史、反思史的《史记》以《五帝本纪》开篇,以及为什么《五帝本纪》重点写舜。

舜的个体性所蕴含的群体性意义,也可以回到个体生命的成长史中加以思考和体察。《史记》主要基于两个线索展开:一是基于自然品性、自然性情的自然秩序——写项羽、游侠等等就是如此,二是政治结构的演变。二者的关联是史迁留给"后世圣人君子"的核心命题。《五帝本纪》里关于舜的描述,引出了公私混淆、纳私入公的人性难题。舜最后的结局是不好的,有一种说法是,舜被大禹流放到南方而死。在史迁看来,亲亲尊尊、孝悌忠信的三代礼乐文明,是解决不了这个"人性"难题的。

最后,我想说的是,史迁以《五帝本纪》开篇,实际上要表达三个意思:

第一，他置身其间的当朝没什么大的建树，自认为雄才大略的汉武帝，到头来收获的不过是一场空。"巫蛊事件"中连太子都被迫自杀，最后只得将皇位传给幼子弗陵，还得杀死钩弋夫人。武帝要坚持亲亲尊尊这套宗法制度，但他知道这套制度四处漏风。他托孤给霍光，还叫画工画了一张《周公背成王朝诸侯图》送给霍光，内心未必没有怀疑，他知道事情是很不靠谱的，但已经无法把控了。

第二，史迁看得明白，他当朝的儒生不过一帮利禄之徒罢了，没什么精神高度，也没什么建树可言。《史记》实际上是一部衰败史。

《史记》以《五帝本纪》开篇，以《货殖列传》结尾。《货殖列传》中有言：

天下熙熙，皆为利来；天下攘攘，皆为利往。

第三，《史记》是悼念式写作，悼念什么呢？儒家化制度模式下，已不可能有个性化生存的空间，当朝正在收拾最后一批游侠。游侠，是自春秋战国以来最能体现血性和个性，最非功利性的一个群体。可最后一个大侠郭解被杀了，公孙弘坚决主张杀掉他。史迁通过《五帝本纪》真正悼念的，其实就是能涵养强大生命力且能保障个性化生存的制度，他向

"后世圣人君子"传达的是，任何一种制度只能在保障个性化生存可能性的基础之上建立与完善。只有这种制度才是真正有品的，其他的或许可以长存，但却是无品的，没有多大意义。以五帝开篇旨在展示整部《史记》的创作意图与深意，设定整部《史记》的基本品质。史迁自己知道，他的创作已是绝唱。

希望本于绝望。史迁创作《史记》，是为华夏族保留一种记忆。作品完成后，史迁毅然决然地自杀了。

班固的《汉书》因为要附和"罢黜百家，独尊儒术"的政治需要，对史迁书写的记忆做了大规模的覆盖和扭曲。苏轼对《汉书》情有独钟，少年时就已熟读，中年时又在流放途中三度抄写，以至于可以一字不差地全篇背诵。他对《史记》也很熟悉，却很难破解史迁记忆中的历史密码。苏轼又是极富个性的人，他虽坚强地面对人生的悲苦，成就了豪放派文学的巅峰，但却至死不能彻悟悲苦命运的历史成因。

苏轼未能成为史迁的知音。黄庭坚和陈师道难明就里地发出沉重的怪叹。我们说，历史的积尘过于厚重了。

第三讲 "三代"的政治技艺

同学们好!人们常说,中国是一个礼仪之邦。这次《史记》导读,我把重点放在四篇本纪上,即《五帝本纪》《夏本纪》《殷本纪》《周本纪》。史迁通过这四篇本纪,史诗性地展示了对中华文明影响深远的"三代"礼乐文明。《五帝本纪》关涉整个中华文明的起源问题;《夏本纪》《殷本纪》《周本纪》,则是史家实录的"三代"礼乐文明之演进脉络和基本框架。之后的《秦本纪》和《秦始皇本纪》意味着"三代"礼乐文明的巨大转型,我们以后再讲。

(一)

政治共同体、政治秩序的产生意味着文明的起源。一个族群有了共同的追求、目标和意向，就必定要建构权力的中心。权力中心的精神品质构成了不同文明区域的标识，意味着不同文明的区分。世界上有不同的文明，时至今天，尽管技术和生活方式已经严重地同质化了，所谓地球村，所谓网络时代，似乎突破了传统的地理空间界限，但文明的区分还是明显地存在着。正因为如此，我们才需要沟通、交流，要在差异中寻找共识。在人类文明的起源阶段，各大文明区域的沟通、交流几乎没有，彼此都是在相互隔绝、不通信息、少有往来的客观物质条件下，各自开始政治文明共同体的建构。"开端意味着本质"，各个共同体的精神品质，其实在其文明的开端就已经潜滋暗长了，就像性别在胚胎形成之际就已经确定了一样。

回到史家司马迁的文字世界。

史迁创作的其实是"通古今之变"的当代史，他要追问的、向"后世君子"揭示的，正是汉武帝试图确立、稳固下来的政治文明共同体的精神品质。这不是武帝个人的浪漫遐想，而是其来有自，史迁要"原始察终"。这种品质早就孕育在其胚胎之中，到了史家的当朝才如鲜花盛开，充分展露。史迁"通古今之变"，就是要追溯华夏族的精神起源。

所以，《史记》很大程度上是精神追忆，旨在追溯、展示中华文明起源的基本情形。史迁著当代史，旨在反思、批判,而不是歌颂。在此意义上我们可以说,他通过对政治文明之精神品质的追忆、勘察,表达了对"黄金时代"政治理想的悼念。这是一种悲悼似的写作,以至于将作者自己的追忆、悼念都放入正史中,使之成为《史记》的最后一篇。

《史记》的最后一篇名为《太史公自序》,史迁明确告诉我们,他担当的是追忆、重塑文明共同体的哲学式、先知般的角色与使命。整部《史记》,我们可以视之为一部心灵史、精神史。

在史迁之前,诸子百家论及华夏文明,往往从"三代"开始讲起,比如儒家讲三代圣王。现代考古学的研究也证实,夏朝确实存在,比如李学勤先生主持的"三代断代工程",确定了夏朝的开端年是公元前2070年,拿出了很多文物、文献证据。

史迁为什么不从夏开始,而要从"五帝"开始?

诸子百家论及五帝,多视之为神话传说,不像夏商周那样被当成历史事实予以确认。之所以编织那么多的神话传说,不过为了表明三代也有其始源,不管是反对三代(法家)还是肯定三代(儒家),都要讲到五帝。这其实是由果推因,不是作为文明秩序起源问题来加以考察和叙述的。

把五帝作为文明秩序的起源,可以说是史迁的创造,他把神话传说写进了正史。正因为是他的个人创造,长期以来对华夏文明的研究基本上仍是从夏开始，相对于研究三代本纪的丰硕成果，对《五帝本纪》的研究还十分薄弱。五帝之前，还有关于"三皇"的神话。史迁偏偏不从三皇开始，或许是为了保证五帝作为正史的品质。

尽管史迁告诉了我们《五帝本纪》的素材来源，既有《尚书》（《尧典》），也有帝王谱系（《世本》），还有诸子的记述，以及他20岁开始壮游天下，在文化苦旅中收集的很多民间传说。但这些都不能回答我们的问题：他为什么要把中华文明的历史起源确立在五帝时期？

学界有两种基本意见。第一种，认为本纪是为全书立纲，既有政治现实的事实记叙，也有政治理想的观念表达，而《五帝本纪》更是关涉其余十一个本纪的蓝图和理念。换句话说，史迁是通过《五帝本纪》来表达中华文明起源的精神品质的。这似乎可以解释史迁为什么作《五帝本纪》，以及他的写作风格。这是最流行的一种解释。第二种解释认为，史迁确信五帝就是历史，而非神话传说。

讨论三代与礼乐文明的问题，就得从五帝说起，因为《五帝本纪》揭示了中华文明不同于其他文明的特质。

现代存在主义大家、历史哲学大家雅斯贝尔斯，有非常著名的"轴心时代"说。在《历史的起源与目标》一书中，他主要讲了三个时期：上古、古代和轴心时期。但他从轴心时期开始讨论，之前是无意识阶段，讲起源一定要从自觉的政治意识、自我意识和目标的追求开始，他认为轴心时代才有所谓起源的问题。

轴心时代有五大文明区域，包括东方（中国）、印度、西亚、地中海、希腊。相同的品质是政治意识的觉醒，即便是佛陀出世，背景也是政治意识的觉醒。各文明区里的先知，就是共同政治意志和目标追求的表达。大致在公元前800年到公元前200年这短短的几百年间，几大文明区域在互不交流的情况下，都出现了各自的先知，这些先知讲的都是共同的东西，雅斯贝尔斯称之为人性。哲人列举了孔子、佛陀、琐罗亚斯德、以赛亚第二和毕达哥拉斯五位先知。

轴心时代相当于我们的春秋战国时代，那是长达550年的大混乱时代，也就是史迁写的重新恢复秩序的当代史的开始时期。这个时候好像有某种东西乱掉了，人们要重新找回失落了的秩序，要由乱到治。先知们集中表达了这种愿望。

这就意味着，在这之前有一个治的时期。司马谈在总结六家的共同点时说，"此务为治者也"。这与史迁以五帝作为勘察、追忆的文明之开端是一致的，因为他要反思、批判的当代史，确实是从春秋时期开始变乱的。当时要确立下来的文明和之前的夏商周三代，又确有诸多类似和关联。

史迁是将五帝作为史实而记叙的，五帝之前的三皇完全是神话。不从三皇开始,原因不单是诸子和其他史料中缺少三皇的记载。夏朝从公元前21世纪到公元前16世纪,跨度那么大,史迁却只详细写了开国的禹,到启就很简略了,后面几乎都是一笔带过。从史料角度看,夏朝远比五帝丰富,史家却写得很简单。单纯的史料问题显然无法解释《史记》的开端。

重要的原因其实在于,史迁要表达的文明共同体的精神起源,通过三皇是表达不出来的。三皇更近于神和天使,不干人的事,没有瑕疵、纠结、痛苦和挣扎,实际是一种无意识状态。没有意识就没有狡计,没有恶,也就没有善。史迁对此是高度自觉的。

昆德拉的小说《庆祝无意义》,一开始就涉及以肚脐眼为中心的情色导向问题,小说最后写道,现代所有的女性都想把自己展示为天使。天使是没有肚脐眼的,不用生育,也没性别,也不老化,始终年轻而活力四射。这提醒我们,史迁要追溯的文明起源只能从五帝开始,五帝在其记载中肯定是人,而不是天使。

关于五帝的传说也很多,也不确信,陈登原先生的《国史旧闻》就收罗了许多神话传说,谱系都不同,我们这里不管这些了。史迁记叙的五帝是黄帝、颛顼、帝喾、尧、舜。他没说择取的理由。但不管是谁,他们都是人,都有肚脐眼,

都是母亲生育的结果。大致说来,五帝有三个共同点:

第一,都与人事相关。而人事之中,治事为重,也就是司马谈所谓"此务为治者也"。在人事里,治乱相交,追求治,是因为乱。永恒的治世就是天使的世界了。《五帝本纪》以乱开篇,之后四帝都是在继承黄帝奠定的治的品质和规范。《五帝本纪》写的是治事,当然传达了史迁的政治理念和目标。

第二,都表达了华夏族生存方式的演进,从蛮荒到游牧再到农耕。《五帝本纪》在记叙生存方式演进的基础上,也会提到神农氏这些"天使"。史迁"通古今之变","今"之汉武帝建立的是农耕文明的秩序,试图打败北边的游牧文明(匈奴)而巩固之。五帝都与最后的农耕文明相关。

第三,都反映了政制法度的精神原则之变迁。我们看到,从《五帝本纪》到《今上本纪》,十二本纪其实写的正是政制法度的演变。

有了这三点归纳,我们就能明白史迁把《五帝本纪》作为文明追忆之源头的道理了。

《五帝本纪》开篇写黄帝,写的就是个人,没有任何神叨叨的意味。

黄帝是人子,干的是人事,人事的核心是治事。治是因为乱,乱而求治,最关键的措施就是战争。任何文明均起源于战争。黄帝先是与炎帝在阪泉大战,把炎帝给收服了。我们现在说"炎黄子孙",把炎帝放在前面,是说炎帝之前的势力远大于黄帝。但为什么又被黄帝打败了呢?因为政制法度。第二仗是跟蚩尤打的,蚩尤本来在南边,势力很大,逐步扩张到了中原的北部边缘,跟黄帝在涿鹿大战一场。

两次大战的结局是:

> 诸侯咸尊轩辕为天子,代神农氏,是为黄帝。

轩辕之所以号"黄帝",是因为"有土德之瑞"。这是一种历史精神的阐释。首先是疆域。不论是争夺还是守护,都为了生存的空间,要有立锥之地。政治意识不可能是空洞的,疆域和人口才是关键。其次,历史精神体现为治理方式。疆域和人口的治理需要政制法度,包括军队体制的建立、行政体制的建立,也包括山川命名、官制命名。这可是大事,通过这些事而凝聚起人们的精神意志。最后,时间立法也很重要。疆域是空间,人们在时间秩序中围绕空间格局而形成共同的政治意识。

史迁三写黄帝,完整地记叙了华夏族政治秩序的开端。

> 黄帝二十五子,其得姓者十四人。

这意味着传承。传承的制度尚处于萌芽生成的历史进程之中。黄帝作为人子,有生有死——"黄帝崩,葬桥山"。继位者颛顼是黄帝的孙子,他"静渊以有谋,疏通而知事;养材以任地,载时以象天,依鬼神以制义,治气以教化,洁诚以祭祀",将黄帝的政制法度继承、持守、发扬光大。史迁这里略去了战争的记叙,却特别提到了祭祀,《左传》里就说过:"国之大事,唯祀与戎。"

然后就是帝喾,史迁在谱序其与黄帝的关系之后写道:

> 高辛生而神灵,自言其名。普施利物,不于其身。聪以知远,明以察微。顺天之意,知民之急。

这就将最重要的政治品质——顺天应民——揭示出来了。

帝喾之后就是尧。一方面,到了尧,既要对广大的地理区域做结构性的政治区划,同时也要进一步完善政制法度,以便将顺天应民的政治品质更好地体现出来;另一方面,从黄帝开始就存在的大问题到尧的时代变得尤为明显,那就是权力的传承问题。这就和舜关联起来了。史迁将重点放在选举问题上,突出的是禅让制。

从黄帝到尧舜,禅让制的品质越来越明显地展示了出来。最初的禅让似乎是近亲内的禅让,到后来成了远亲、远族的禅让，禅让的范围大大扩展了。那扩展的原因和结果是什么呢？这才是华夏族文明起源的关键性问题。

（二）

所谓"三代"指的是夏、商、周三代。儒家寄托其政治理想的所谓"王道政治"，其历史表达就是"三代"。汉武帝"罢黜百家，独尊儒术"，在精神品质上，汉儒如何将王道政治与秦汉帝国官僚政治勾连贯通起来，乃是史迁关注的大问题。

秦帝国伊始，就存在如何建国的争论：究竟是以西周的封建制为模型构建大秦帝国的政治结构，还是采取商鞅变法推行开来的君主集权的郡县制模式？这个时候的争论并不涉及三代王道政治。换句话说，那时儒生们并不是拿王道对付帝国官僚体制，而是一种实实在在的制度争论，郡县制与分封制，并不存在道德意义上的高下之分。"儒法之争"不过是个象征，儒家里也有主张郡县制的，而主张封建制的也不尽是儒家，比如吕不韦主持的《吕氏春秋》，就涉及了秦在取得战争胜利后到底是采取郡县制还是封建制的争论。

武帝本来是要对秦始皇采用的中央高度集权的郡县制或官僚制进行确立和完善的，却又为何倡导"罢黜百家，独尊儒术"？汉儒显然不是要反对中央集权的官僚制，客观上也不可能唱反调,只是将秦帝国之初的政治问题转化为道德问题了,力图在法家主导的政治制度中注入一种新的精神气质,也就是他们所谓的王道政治。他们关注的就不再是经验意义上的历史事实,而是在道德转化、精神象征的意义上讲述三代,这就不是历史学,而是政治哲学了。这也就是董仲舒、公孙弘传承的春秋公羊学,实质为政治哲学的今文经学。

汉帝国建立之初,推行的是黄老道术,但儒家也没消失,有很多儒生在建言献策,尤其注重总结秦二世而亡的教训,致力于对法家式政治制度进行道德评判。比如贾谊的《过秦论》,开篇就讲秦作为西边一个弱小而落后的诸侯国,是如何能东进乃至最后灭掉山东六国的。至此基本算是客观陈述,他也很赞赏,但一说到"二世而亡",道德论调就出来了。贾谊这篇著名的政论文章前后有些不一致,他责怪的法家的那套酷刑、体制,不就是能使秦国强大起来、最后取得胜利的制度安排吗?他前后的不一致,实际上是由从政治技术转向道德评判导致的。贾谊对文景之治的制度评判,还是法家的思维,而且他知道这和秦以来积累的问题相关。他和晁错的主张在技术层面很相似,不同的就在于道德评判,晁错始终站在统一的技术规范上思考问题。就政治见识而言,鲁迅先生就认为,贾谊比不上晁错。

从贾谊到武帝时代,道德制高点的获取,乃是儒家今文经学最为重要的政治手段，直到晚清，康有为仍然祭起这面大旗。中经南宋朱熹为代表的理学家们，他们似乎真的相信有三代王道政治的存在。他们离历史更远了，却比汉儒更执着，三代成了道德信念和精神信仰的历史寄托。到了近代，儒家的王道政治基本被废弃了，面临外来入侵导致的危急，大秦建立之初制度层面上的问题重新被关注。早期的改良派，比如郑观应、王韬，他们讲的王道，不过是说西方器物、制度的实效本源于我们的三代，因为大秦帝国焚书坑儒，有一群人就带着这些器物、制度逃亡西方，在那里开花结果了；现在我们向西方学习，把器物、制度的东西拿回来，实际上是欢迎它们回家。他们的确是托古改制，三代的王道政治成了必须变法改制、向西方学习的修辞术。

所以，三代之王道政治，从最初的制度层面，过渡到关涉道德精神的政治理想层面，一变而为宋儒的精神信仰、道德担当，最后竟成了修辞学。大体流变即是如此。

史迁是武帝时代的亲历者，他洞穿了当朝儒生热衷于谈三代王道政治的动机，道德面纱遮掩着政治投机的真实面孔，今文经学成了他们谋取功名利禄的道具。史迁一方面要还原三代的政治事实，重述三代的政治经验，另一方面要反思、检讨三代政治的精神品质。作为一种政治文明和制度事实，三代无疑是历史的存在，而且也肯定有其独特的精神品质，但它真的是当朝儒生们颂扬的王道政治吗？

本纪篇末的"太史公曰"很有意思。在《夏本纪》的最后，史迁提到了孔子，却不赋予任何道德意义，只是说：

> 孔子正夏时，学者多称夏小正云。

孔子虽然出场了，但提到的却是制度。《殷本纪》最后又提到了孔子：

> 孔子曰，殷路车为善，而色尚白。

说的是生活方式和品位，依然不涉及道德评判，"色尚白"虽关涉五德，却不过是事实的陈述而已。《周本纪》的内容本来是儒生提炼王道政治的基础，"太史公曰"偏偏不提孔子，《论语》里面颂扬文武之道的话不少，史迁顺手拈来便是，可就是一字不引。这绝不是史迁的疏忽，而是他非常有意识的安排。我们只看史迁是否引述孔子这一点，就能感受到史家的政治反思和批判立场，他给了当朝儒生当头一棒。

史迁对三代的记述各具特色，毫不雷同。

《夏本纪》写作重点在三代的开创者——大禹身上，其后数百年基本上一笔带过。《殷本纪》从头到尾，用笔看起来很均匀，只在关节点上浓墨重彩，关节点与关节点之间，都很简略，要表达什么呢？也就是殷商王朝的政治德行，五兴五衰。《周本纪》大体分为两段，儒家所谓的王道政治主要指的是西周，史迁叙述的重点也放在西周，对东周550年的历史记叙得非常简略。西周开创时期的武王关乎制度问题，也就是即将体系化、完善化的封建制，而史迁详细叙述的却是文王、武王的德。史迁用一个"阴"字，点破所谓高超的文武之道，事实上不过是阴损的政治手腕；史家当朝那些满口道德仁义的儒生，实际却是一肚子的利欲熏心。史家是在政治真实的基础上，论证文武之治在制度和品质上何以成就自身，没有抽象、虚化为所谓的道，乃至于最后孔子沉默了，一句话不说。如果要引用孔子的话，恐怕就是"巧言令色鲜矣仁"一句了，因为在记叙武王筹备战争和实施统治时，史迁是一次又一次地揭露其"巧言令色"的真相——哪有什么王道政治！

（三）

文明，首先意味着政治共同体的建构，意味着政治结构的安排和核心权力的交接；除此之外，当然还需要地理空间的守护与拓展，这是物质前提。所以，《夏本纪》一开始就描述了时空地理，到殷、周本纪就略而不言了，殷、周不过是在夏的地理空间中继续经营和拓展。

所谓的王道政治是怎么开始的呢？我们来看《夏本纪》。

禹的血缘谱系有点乱：

> 禹之父曰鲧，鲧之父曰帝颛顼。

禹成了颛顼的孙子，可中间还隔着帝喾、尧、舜啦！这是不是史迁匆忙写作犯下的错误？或者后人传抄错了？不得而知，反正流传至今的文本就这么写的。我并不认为是记叙出错。禹之所以能继承舜，主要因为他治水有功。水灾在尧的时代就是一个大麻烦。舜任用禹去治水，禹怎么治水的呢？他的父亲鲧就是大臣们举荐的治水能臣，治水九年无功，舜把他杀了。史迁在《五帝本纪》里写舜的篇幅很大，孟子对舜的阐述也很多。本质上看，舜的政治德行其实是一种政治技艺。舜好像不是因为鲧有什么违法犯罪行为而杀之，鲧也并不输在德行上，鲧完全是兢兢业业、本本分分的工程师，但他不是个成熟的政治家。他筑堤修坝，蛮有今天工程师的品质，虽然没有成功治水，却为后来者积累了经验教训，无论如何不应该被杀啊！舜被儒生说成王道德行的典范，可一上来就杀人，他杀了鲧，却任用了鲧的儿子禹继续治水。这是一种政治技艺——一定是技艺而不是技术，艺术化地运用技术乃至于把技术都隐藏起来了，这就是舜的政治德行。

禹对父亲被杀的痛悼只能埋藏在心里，这促成了禹的政治技艺的成熟。顺便说一句，有人研究认为，舜最后被禹流放南方了。禹治水不是处处筑堤修坝，而是将治水变成了治国，他先是整合政治资源、完善政治架构。所谓九州、九山、九江，表明他对政治地域了如指掌，禹把工程性的技术问题提炼、转化为政治技艺，他考察各州的土壤、植被、各种资源以确定贡赋。其深远意图可能连舜也没搞明白，要治水必须得有人力、物力，舜因此不能反对禹这样做。禹的治水方法主要是疏导，其实疏导也是要修堤筑坝的。禹的治水成了治天下，其间体现了政治德行，比如对于沇州，"田中下，赋贞，作十有三年乃同"，就是根据实际情况确定很低的贡赋，十三年以后再和其他州相同，这确实是很高的政治技艺。然后，史迁写道：

> 于是九州攸同，四奥既居，九山刊旅，九川涤原，九泽既陂，四海会同。六府甚修，众土交正，致慎财赋，咸则三壤成赋，中国赐土姓："祗台德先，不距朕行。"

德行出来了！而这一切都不是虚玄空言，而是天下赋役、军事的安排与布局。

史迁还写了舜的另一个重要能臣皋陶。皋陶有政治技术，似乎缺点政治技艺，他只是守护政治制度——这当然也很了不起。禹和皋陶都有很好的政绩。舜将他们召集起来，公议政治德行。皋陶说了一通宏大的政治话语，连舜都觉得自己是做不到的；禹只说自己这么多年老老实实地办了哪些事，从没想过皋陶老兄的那些大词，还举例说，自己结婚才四天就道别妻子去治水了，妻子怀孕了，自己十三年过家门而不入，对儿子没有尽到一点父亲的责任，好在上天保佑，儿子启的德行还不错。禹很有意思，一方面在悄悄积聚政治资源，一方面又在表白忠心与德行。细想一下，禹不可能一直站在抗洪救灾的第一线吧？没必要这样做。他的表白有些不合常情、常识，这有些像史迁当朝的公孙弘之流，既已占据了道德的制高点，别人还能说什么呢？让位于皋陶还是禹，舜自己看着办吧！韩非子就认为，禹是第一个破坏五帝制度的人，有谋逆篡政的嫌疑。

禹的儿子启没有什么政治才能。禹让位给启，怎么办到的呢？禹先是准备禅让给皋陶，可是皋陶比他还年长，刚准备禅让，皋陶就死了。还有一个能臣叫益，也是功勋卓著，禹还考察了他十年，可群臣、诸侯都不到益那里去，启那里成了他们聚会的中心,理由是太尊重启的父亲禹了。结果,启刚一即位,天下就大乱了,这又表明什么呢?禹实际上破坏了制度,战争不可避免。有扈氏不服,启就作《甘誓》,威逼利诱,说有扈氏"威辱五行、怠弃三正",要"行天之罚",大家"用命,赏于祖;不用命,僇于社,予则帑僇女",意思是不听命于我,就在社前杀之,且将其老婆孩子一并充作奴隶。夏之后几百年,基本上是在战争中度过的,史迁一笔带过。

禹破坏制度而开始了三代。史迁评赞说:

> 自虞、夏时,贡赋备矣。或言禹会诸侯江南,计功而崩,因葬焉,命曰会稽。会稽者,会计也。

大禹竟然死在收租的路上,葬在会稽山。史家写得很巧妙,用"或言"(有的人说)以叙事,意味悠长。从《夏本纪》开始,禅让制被破坏了,开始了子继父,亲亲尊尊的政治原则孕育了,开始了儒家所谓的王道之历史。

(四)

《殷本纪》写什么呢?子继父的历史开始了,循着"亲亲尊尊"的原则演进，但政治权力的传承不是很顺当，一开始不完全是嫡长子继承制，既有父死子继，也有兄终弟及，二者相互交错，最后确定嫡长子继承制是在殷商政权的末期。而整个殷商政权计31代，延续了554年。殷商政治文明为什么而兴盛，又为什么而衰败？史迁的写法体现出，所谓政治德行不过是政治技艺罢了。

这当然也涉及修身、立德、养性的问题，但绝不是几句道德空言所能涵括的，殷商的五兴五衰，把这一点展示得特别清楚。

《殷本纪》完全可以当作小说来读，它将神话与史实完美地结合在一起，具体而细腻，值得反复玩味。

第一个出场的重要人物是成汤，殷朝传到成汤，政治才成气候。成汤首先是个战争贩子——

> 汝不能敬命，予大罚殛之，无有攸赦。

不过，在成汤政治事业推进的过程中，最为史迁所注意的乃是君相问题。殷商的五兴五落，全都与此有关。

殷商开创时期，出现了儒家后来大讲特讲的伊尹，如同姬周开创时期的周公。汉武帝杀钩弋夫人后，托孤霍光时，就提到了这个人。

> 伊尹名阿衡。阿衡欲干汤而无由,乃为有莘氏
> 媵臣,负鼎俎,以滋味说汤,致于王道。

史迁此处提及王道,与汉儒意味迥异:煲汤,确实是个技艺,但需要成汤去品,厨艺水平再高,受用的人要是品不出滋味,厨师也是白忙乎。这表明,君臣共谋、共契的重要性。

> 或曰,伊尹处士,汤使人聘迎之,五反然后肯
> 往从汤,言素王及九主之事。

这也成了后世儒生的理想:既要成为帝师,又要善于隐居终南山,既不能丧失尊严,又要达到目的。伊尹那时是"五反然后肯往从汤",谱是摆够了。伊尹的"厨艺"极高,高就高在他善于调配历史素材,而成汤又擅长品鉴,聘取天下谋臣,犹如打猎,很是厉害。

> 祝曰:"自天下四方皆入吾网。"汤曰:"嘻,尽
> 之矣!"乃去其三面,祝曰:"欲左,左。欲右,右。
> 不用命,乃入吾网。"

看来，成汤德行高洁，禽兽都自愿归顺入网，就像后来辅佐周武王的姜太公一样，直钩钓鱼，愿者上钩。结果是：

> 诸侯闻之，曰："汤德至矣，及禽兽。"

成汤面对夏桀的荒淫，展示了高超的政治技艺，终于取夏而代之。

《殷本纪》的特色在于，它是一部兴衰史。殷商共历三十一王，计五百五十多年，这个大王朝之所以兴，之所以衰，关键在王位的继承。殷商其实还是一个部落联盟的格局，王实际上是天下共同体的象征，商王代表的最大部落与其他部落之间政治势力的平衡，主要是通过相来实现的。君相平衡则兴，君相失衡则衰，相主要代表非殷商部落的利益。三代打破了五帝时代依据能力、通过选与举而实现的禅让制，基于血缘宗法的子继父的世袭制开始了，但实施得并不顺利。以前是通过中心部落与边缘部落之权力更替、交换而保持平衡，子继父的世袭制一开始并不能很好地保持稳定的平衡态。《殷本纪》把这一点充分地展示出来了，殷并非严格地施行子继父制度，更不像西周亲亲尊尊原则确立后而严格推行嫡长子继承制，殷商除了子继父，还夹杂着兄终弟及，这也表明王族内部的纷争与动荡相当严重。

在成汤和伊尹合谋共契打败夏桀而兴之后，衰的迹象就出现了——

> 汤崩，太子太丁未立而卒，于是乃立太丁之弟外丙，是为帝外丙。帝外丙即位三年，崩，立外丙之弟中壬，是为帝中壬。

子继父与兄终弟及相夹杂，是为了王族内部的平衡。紧接着的局面却是：

> 帝太甲既立三年，不明，暴虐，不遵汤法，乱德，于是伊尹放之于桐宫。三年，伊尹摄行政当国，以朝诸侯。

所谓"不遵汤法，乱德"，指的应该不是所谓的主观德行不行，而是政治势力的平衡、内部秩序的处理和把控能力不行。这时伊尹仍然是相，且仍具备对殷商政权的驾驭优势，可以放逐天子，他不是篡权，是摄政当国——

> 帝太甲居桐宫三年，悔过自责，反善，于是伊尹乃迎帝太甲而授之政。

所谓"悔过",其实是政治技艺的集中展示,以使天子与相的平衡态得以恢复。因此——

> 帝太甲修德,诸侯咸归殷,百姓以宁。

这里的"百姓"不是庶民百姓,而是众多部落联盟的首领。既然"帝太甲修德,诸侯咸归殷,百姓以宁",殷也就再度兴盛起来了——

> 伊尹嘉之,乃作《太甲训》三篇,褒帝太甲,称太宗。

"太宗"意味悠长。可在伊尹去世后,殷商政权又不稳定了——

> 殷道衰,诸侯或不至。

史迁接下来开始说神话故事了。《夏本纪》基本上记叙的是人事和政治技艺,《殷本纪》则是人事与神话相交错。范文澜先生把殷商文明概括为"尊神文明",是有依据的。从实物考古来看,殷商对祭祀、祭礼是非常看重和铺排的,殷商的青铜器最为丰富,代表了三代青铜文明的最高水平。青铜除了用于战争外,主要用于祭祀,乃至于跟殷商多次迁都有关,因为要考虑矿源的远近。但尊神是不是构成殷商政权根本性的问题,就不一定了,至少史迁没有谈及祭祀与尊神的话题,他看重的是政治理性、政治技艺的培育与锻造。史迁写道:

> 帝太戊立伊陟为相。亳有祥,桑榖共生于朝,一暮大拱。

这似乎有点神叨叨的,从科学的角度看是不可能的,很可能是人为安排的,并非什么神迹。太戊看到这个现象后就很害怕,于是请问伊陟。其实,这棵树很可能就是伊陟玩出来的,像他父亲煲汤一样。伊陟回答说:

> 臣闻妖不胜德,帝之政其有阙与?帝其修德。

显然,伊陟利用人们的尊神心理,在玩弄政治把戏。政治上一直就有阴谋与阳谋之分,政客们是心知肚明的。史迁通过这个"神话",交代了各种政治势力是如何相互制约与平衡的。其目标是高度理性,且是善的,意在防止殷商政权的衰落，结果是"太戊从之"。"修德"就是各就其位、各显其能、各谋其政，达到彼此平衡的状态。目的达到了，那棵一夜暴发的大树也就枯死了。太戊后来就被称为中宗。

中宗死后，"殷复衰"，意味着政治势力平衡又被打破了，之后"殷复兴"，意味着各政治势力又重归平衡。可"自中丁以来，废适而更立诸弟子，弟子或争相代理，比九世乱，于是诸侯莫朝"。史迁始终围绕着殷商部族与其他部族的平衡，以及殷商部族内部的权力传承问题，展开记叙。

史迁记叙了"盘庚迁都"事件。殷商迁都相当频繁，除了政治势力平衡的原因外，张光直先生认为主要和青铜矿源相关，这是可信的科学结论。史迁写到这里也不再神叨叨的了，尽管没有向人们说明原因。

史家始终围绕主题而展开——

> 帝武丁即位，思复兴殷，而未得其佐。

这就又一次点明了殷商核心政权和其他部落联盟之关系的重要性。

> 三年不言，政事决定于冢宰，以观国风。武丁夜梦得圣人，名曰说。以梦所见视群臣百吏，皆非

> 也。于是乃使百工营求之野,得说于傅险中,是时说为胥靡,筑于傅险。见于武丁,武丁曰是也。得而与之语,果圣人,举以为相,殷国大治。

尽管又呈现出神叨叨的味道,可是"三年不言,政事决定于冢宰",武丁考察、研究了三年,才有后面的神叨叨的故事,其实质依然是政治平衡的大问题。

> 帝武丁祭成汤,明日,有飞雉登鼎耳而呴,武丁惧。祖己曰:"王勿忧,先修政事。"

这与前面那棵大树一样,不过表明一场激烈的政治斗争罢了。武丁把控好了这场政治游戏,于是"殷道复兴"。

史迁写到最后一位商王时,前面提到的一切政治技艺集中地展现出来了。纣王蔑视任何神叨叨的因素,他太睿智,太聪慧了,当然也腐化堕落,严重失德,但不过是正常人欲望的疯狂表现而已。

> 帝纣资辨捷疾,闻见甚敏;材力过人,手格猛兽;知足以距谏,言足以饰非;矜人臣以能,高天下以声,以为皆出己之下。

这样的人要么就成了，要么就败了，成败皆因个人强烈的欲望。成，就成了大家尊崇供奉的真正中心；败，也败得彻底，成为孤家寡人。他因为太厉害，政治平衡就被彻底打破了，权力中心的强大，意味着离心离德的因素潜滋暗长得也迅速。他把常人心里想的那些东西都实现了——

> 大聚乐戏于沙丘，以酒为池，悬肉为林，使男女裸相逐其间，为长夜之饮。

他不是昏庸无能，而是太有能耐了，不需要什么伊尹、伊陟，也不需要"煲汤"技艺，所有这些他都不放在眼里。结果是：

> 百姓怨望而诸侯有畔者，于是纣乃重刑辟，有炮格之法。

殷商政权因此离覆灭之日不远了，有人早就准备着，在等待机会的到来。

史迁这里做了明显的对比。纣王，作为个人，是个无德的人，这没问题，但是他明着来，不玩阴谋；代表王道政治的文王，恰恰是玩阴的。某种意义上，商纣王孩子气十足，已无政治技艺可言，你说你是忠臣，像比干那样，那就剖心看看，他的这种任性和执拗，让那些怀着野心企图取而代之的人有了施展手段的机会：知道你贪财好色，就送财送色，投其所好。所谓王道政治成了政治手腕的漂亮衣袖。殷纣王还有点英雄气，不怕死，最后败了，败了就败了，他"入登鹿台，衣其玉宝衣，赴火而死"。相比之下，武王是什么德行呢？人家都入火海自杀了，他还上去放箭、割头、悬之白旗；更令人吃惊的是，人家两个女人都自杀了，他也上去放箭、割头、悬之白旗。这是什么文武之道？连弑君都够不上——人家是自杀的！史迁把一切神叨叨的东西都否了。

史迁在提醒人们：政治没必要遮遮掩掩，在做道德评价之前，首先应该直面真实；政治德行的关键在于平衡术，在于政治技艺。史家要反思的是当朝那些儒生们演绎的王道政治——于史无据。而回到政治历史中，史迁没说文王武王有什么不对，重要的是让真相显露出来，去掉政治的道德面纱，政治才可能走出神话，才可能走向理性与清明。纣王不昏庸，却放纵欲望、残暴无度，文王、武王取而代之，有什么不可以呢？假如他们忠诚于纣王，那不过是装聋作哑，是政治的无明。文武之道的实质是对政治机遇的精准把握。史迁撰写本纪，要建纲立目，要去道德化，将人间政治还原到经验事实中，真可谓"史家之绝唱"！

（五）

　　《周本纪》写的是三代文明的最高代表姬周，时间跨度也很大，分成西周与东周两段，重点在西周。东周写得简单，是因为后面紧跟着《秦本纪》，再说，春秋战国时代也不代表礼乐文明的鼎盛。春秋末期的孔子经历了三代礼乐文明的衰落，孔子死了，死得很绝望。东周已是礼崩乐坏了，无所谓纲纪的大气象，反而是对纲纪的破坏与摧毁。

　　史迁写西周的特色在于，通篇贯注了一个德字；写德的方式是记忆、回忆、追忆，是对于几个历史片段的忆念。到了东周，失忆的人越来越多，最后借助一个史官以旁观者的立场讲述历史，表明这个王朝该结束了，如同个体生命，当其过往要靠别人来述说时，他要么死了，要么老年痴呆了。周幽王被杀，西周灭亡，他有一个女人叫褒姒，史官在讲述其故事时，一开始就断定"周亡矣"。

　　姬周是这样开始的——

　　　　周后稷，名弃。其母有邰氏女，曰姜原。姜原
　　为帝喾元妃。姜原出野，见巨人迹，心忻然说。

这个女人一下子就怦然心动了，颇有生命感——

> 欲践之,践之而身动如孕者。居期而生子,以为不祥。

真是神了!

> 弃之隘巷,马牛过者皆辟不践。

礼乐文明中的人在人化,同时也在背离自然,可奇迹还是发生了——

> 徙置之林中,适会山林多人,迁之;而弃渠中冰上,飞鸟以其翼覆荐之。

史迁写得很文学,似乎有人一直跟踪着,结果是这个婴儿没死——

> 姜原以为神,遂收养长之。初欲弃之,因名曰弃。

周的始祖就这么来到了人世。从史迁的记叙中可知,政治德行跟出身没什么内在关联。弃长大后很能干,相当于今天的农科院院士,尧舜都很看重他——

> 封弃于邰,号曰后稷,别姓姬氏。

凭着自己的才能认真干事就是德。其后的公刘传承了弃之德——

> 周道之兴自此始,故诗人歌乐思其德。

真正有政治预见的人叫古公亶父——

> 古公亶父复修后稷、公刘之业,积德行义,国人皆戴之。

人心凭记忆而积德——

> 民皆歌乐之,颂其德。

而民心记忆积淀而成的德,又涵养了古公亶父的预见能力,竟然能预见到三代的政治前景——

> 古公有长子曰太伯，次曰虞仲。太姜生少子季，季历娶太任，皆贤妇人，生昌，有圣瑞。古公曰："我世当有兴者，其在昌乎？"

太伯、虞仲自知缺乏政治才能，主动出走了，这就为《吴太伯世家》埋下了伏笔。而"伯夷、叔齐在孤竹，闻西伯善养老，盍往归之"，列传就从这里开始，名曰《伯夷列传》。

西伯如何施展从他爷爷那里继承的政治韬略？史迁用了一个字——"阴"，说的是政治技艺，不是通常意义上的道德评说。文王西伯在用心准备着，期间还被关起来了，囚于羑里而演《易》。到了武王，姜太公和周公旦这两个了不起的人物出场了。武王与周公是兄弟，同宗同源。周公在儒家那里地位很高，可在史迁看来，他只不过具有高超的政治技艺而已。周公是个了不起的演员，演技极高，他礼贤下士的典故——"一沐三握发，一饭三吐哺"——如果说是真的，那是不是在作秀？史迁对此看得透彻极了。

周公绝对不是一个手软的人。譬如，殷商遗存武庚受封后不久即作乱，杀；跟着武庚作乱的自己的两个兄弟，杀。他决不允许失忆，也不允许记忆的方向被改变。

到了周幽王，他真的失忆了——

> 三年，幽王嬖爱褒姒，褒姒生子伯服，幽王欲废太子。太子母申侯女，而为后。后幽王得褒姒，爱之，欲废申后，并去太子宜臼，以褒姒为后，以伯服为太子。

这是对王位继承制度的大破坏。此时，史迁让一位史官出场代言——

> 周太史伯阳读史记曰："周亡矣。"

这位史官讲了一大段历史，是关于三代的无比深远的记忆：

> 昔自夏后氏之衰也，有二神龙止于夏帝庭而言曰："余，褒之二君。"夏帝卜杀之与去之与止之，莫吉。卜请其漦而藏之，乃吉。于是布币而策告之，龙亡而漦在，椟而去之。夏亡，传此器殷。殷亡，又传此器周。比三代，莫敢发之，至厉王之末，发而观之。漦流于庭，不可除。厉王使妇人裸而噪之。漦化为玄鼋，以入王后宫。后宫之童妾既龀而遭之，既笄而孕，无夫而生子，惧而弃之。宣王之时童女谣曰："檿弧箕服，实亡周国。"于是宣王闻之，有

夫妇卖是器者，宣王使执而戮之。逃于道，而见乡者后宫童妾所弃妖子出于路者，闻其夜啼，哀而收之，夫妇遂亡，奔于褒。褒人有罪，请入童妾所弃女子者于王以赎罪。弃女子出于褒，是为褒姒。当幽王三年，王之后宫见而爱之，生子伯服，竟废申后及太子，以褒姒为后，伯服为太子。太史伯阳曰："祸成矣，无可奈何！"

褒姒是个冷美人，啥都好，就是不笑，周幽王似乎有责任让美人笑一笑，于是想起了烽火台，却又忘了烽火台的功能。他点燃了烽火，诸侯们带着军队赶来了，褒姒真笑了，诸侯却愁了；诸侯愁了，周幽王也笑不起来了。西周就此结束。

我们要思考的是，史迁为什么要写这个？这似乎纯属无稽之谈啊！他写纣王，有妲己；写周幽王，有褒姒。史家重男轻女？在说红颜祸水？其实，史迁是在讲政治的自然秩序，就如同男女，有阴有阳，无可厚非，讲究的是平衡！当然，史迁是史家，也是文学家，擅长文体，而神话也最容易唤醒人的记忆，让人回味无穷。他在开头讲了文王的阴，无可厚非，最后写了褒姒的冷，也无可厚非。可战火终究是无情的，潜滋暗长的阴冷的东西，经不起战火的考验。

（六）

夏商周三个本纪，各自的重点不同：《夏本纪》只写了夏代的开创，夏作为礼乐文明的开端，当然尚未成熟；《殷本纪》通过兴衰交替来表达礼乐文明的渐变、挣扎，直到商纣王，以个人极端的才华、勇气、力量反衬失衡的悲惨结局；《周本纪》记叙了礼乐文明的最终形态：宗法人伦，分封建制，亲亲尊尊，所有人都以一种身份符号、非个性化的角色出现在礼乐秩序之中，不得僭越。这样，史迁就把礼乐文明作为一个生命形态的特质与特征，通过三个本纪完整地展示出来了。

我们现在抽象地说说三代礼乐文明。

第一，一个文明乃是一个政治共同体，当然有其时空特性，也就是在一个长时间跨度下，展现空间中的纠葛、融合与演变，时间让空间的秩序得到充分地发育与成长。三代礼乐文明在人类文明史上，类似于西方的"两希"文明，本身是独具个性且非常成熟的文明形态，对中华文明的演进产生了深远影响。

礼乐文明的空间结构，不是通过文质彬彬地吸引、交往、交流，自然融合而成，它经历了无数次战争，战争是形成和改变空间结构最主要的物质力量。夏打破五帝时期的禅让制，子继父，这一权力体制要有效运行，就必须赢得战争的胜利。

禅让制意味着部族联盟有中心但没有明显的等级，谁有能力谁就有可能成为政治的最核心。夏把这样的联盟形态破坏了，政治联盟不再是一个平面结构，而是有高有低、有指令有服从的等级结构。首先面临的是部族联盟的反叛，战争可能一直持续下去。殷商部族可以说就是在战争中不断壮大成长起来的，最后也失败于战争，这个战神般的部族个性化风格凸显，最后的商纣王恰恰是一位战争的奇才统帅，可是失败了，他注定失败。西周推行分封建制，以藩屏周，战争才进入减弱、停息的状态，可一旦分封建制的秩序遭到质疑和破坏，战火立马遍地燃烧。春秋战国时代，三代礼乐文明秩序面临崩溃，这是战争与变法二重奏的时代，帝国政制呼之欲出。

战争是长时间里推进空间秩序变化的主要力量。从《史记》的三代本纪和表、书来看，战争的路线先是从西向东、从北向南，然后是从东向西。夏在西边，而殷商在东边，取殷商而代之的周又在西边，以黄河流域为主轴，在黄河、长江之间的广大地域，东到大海，西到河套，战争路线表明权力中心所处位置在不断变化。

这提醒我们思考一个问题：为什么禅让制最终被分封建制所取代？实际上，这与战争能量、资源的有效调配有关。封建制作为建基于血缘宗法之上的等级秩序，使得其他部族因为永远无法进入政治核心，而成为反叛力量，在夏打破禅让制的秩序之后，反叛战争立马爆发。殷商虽是同姓同宗的兄终弟及与父死子继相混合的权力结构，但各部落联盟的合法性、正当性并不完全源于王权的敕令、册封，还源于军事力量本身：弱，就不得不臣服，而一旦力量壮大，就有可能夺取王权。西周为了保证王权政制结构的稳定，才有了分封制的建立。册封、册命，主要是同姓受封，也有异姓功臣受封，而异姓的政治地位、赏赐与同姓是对等的，比如齐国的姜尚，其政治、军事方面的权力并不弱于鲁国的周公和其他武王兄弟。一个封国独享税收、军事权力，基本上把之前各部落相对独立的政治结构继承下来了，但对中央王权要朝贡，战时要出兵。分封制使得战争有可能进入消歇、停息状态，但也孕育着战争重新爆发的新因素。帝国政制用官僚制取代了世卿世禄制，官僚的政治权力是不可继承的，官僚政制意味着政治、经济、军事权力归于中央皇权，史迁在八书里都有交代。

　　三代礼乐文明作为政治共同体，首先要注意其空间结构，其空间秩序建构与战争是紧密关联的，同时也与政制结构的安排有关。史迁用史实挑破了儒家追忆的王道政治的面纱，削弱了其理想化和道德化色彩。我们从三代本纪中几乎看不到汉儒吹捧的道德化了的王道政治的影子。《论语》中也没有"王道"这个词。孟子确实阐扬了的道德的"黄金时代"，但也仅仅是他针对自己置身其中的战国时局，提出的政治理想，而不是什么历史哲学。

第二，礼乐文明秩序主要指封建制，当然也涉及军事、经济方面的制度安排。孟子对封建制经济方式所蕴含的道德价值给予了特别阐释，比如对井田制的追忆和称颂。而分封建制体现的核心政治原则，或者说这种秩序的品质，是亲亲尊尊。"亲亲"指向以血缘为由的权力结构，而血缘关系是一种自然秩序；"尊尊"主要讲的是天子（大宗）和诸侯（小宗）之间的宗法人伦秩序，服从这种人为安排则更为关键。亲亲尊尊的充分落实是在西周，这使得关键人物周公除了政治家、权谋家、立法者形象之外，好像又有理由成为比孔子还早的思想家。

在史迁的当朝，今文经学把孔子也作为一个为后世立法、为万世开太平的大立法者，孔子好像超越了周公，或者说是孔子塑造了周公，是孔子在内在心灵秩序上抬举出了经验历史中的立法者周公。

孔子真的企慕周公吗？孔子一生与周礼纠缠着。从年轻时对周礼的遵循、演练、习得，到对其意义的挖掘、追思、阐扬，到最后救世方案的提出、生命信念的确立，以及对世界的道德打量，孔子确实经历了堪称波澜壮阔的精神历程。他有一个说法：

> 周监于二代，郁郁乎文哉！吾从周。

孔子将周公创立的那套礼乐文明秩序的精神价值挖掘出来，可谓塑造了一个周公。

可是，孔子在周游列国之前、之中以及之后有什么样的思想变化呢？他说过很著名的一句话：

> 甚矣吾衰也，久矣吾不复梦见周公。

这句话应该是在晚年说的，晚年的孔子对价值意义上的周公是不是抛弃了？根据《史记》，我们可以看到孔子有一个很大的转变，晚年对自己塑造的周公形象有所抛弃。一个典型的例证就是孔子在死前，对弟子子贡讲：

> 太山坏乎！梁柱摧乎！哲人萎乎！……天下无道久矣，莫能宗予。

他很绝望，看不到克己复礼的未来。这种绝望是不是自我颠覆和放弃？应该是。

孔子说完"莫能宗予"之后，又说了一个梦，史迁给我们记载下来了：

> 夏人殡于东阶，周人于西阶，殷人两柱间。昨暮予梦坐奠两柱之间，予始殷人也。

在最后谈到自己的归宿（精神故乡）时，他没有把周礼保存得最好的鲁国当作故乡，也没有留恋周礼，而是说自己"坐奠两柱之间"，他朝向殷商，放弃了"吾从周"的归乡路。

那么，孔子究竟怎么看体现政制建构的核心原则——亲亲尊尊（也包括建立其上的孝与忠）？《论语》是孔子话语的记录，其中赞扬文王、武王、周公的话并不多，对时君世主全是批评、嘲讽。孔子对尊尊（也就是忠）原则的肯定是有明确限度的，对那些打破、违背此原则的人倒是赞赏有加，最广为人知的便是对管仲、子产的赞赏；尤其从其对秦穆公的评价更可以看出他对尊尊原则的不看重，孔子甚至说道：

> 秦，国虽小，其志大；处虽辟，行中正。身举五羖，爵之大夫，起累绁之中，与语三日，授之以政。以此取之，虽王可也，其霸小矣。

孔子看重的是能否施惠于民，秦穆公、管仲、子产因此颇受其称赞，他说管仲"民到如今受其赐"，称子产为"古之遗爱"。

法家在尊尊问题上要比儒家过分得多,他们主张忠于国君,国君权威至高无上。韩非子反对孝,认为忠孝绝对不能两全,他是取忠否孝的。韩非子讲过一个故事,说鲁国遇战事,有一小子在战场上不听军令而后逃,孔子审理此案,问他为什么后逃,他就讲自己不是贪生怕死的人,只是每每想到年事已高的父亲无依无靠,才打消了战死沙场的念头。孔子认真听其自辩后,不仅没有惩罚,还向国君推荐这个遵守孝道的年轻人,国君也接受了。韩非子发表评论说,忠孝不能两全,孔子取了孝就必然要放弃忠。谁没有父母?谁都有。战场上每一个士兵都是人之子,按这个小子的说法,每个战士都可以后逃,那鲁国在军事上必然要吃败仗,军事上吃了败仗,鲁国国君终究会死无葬身之地。

这样一来,好像孔子很看重亲亲(孝)的原则。根据《论语》的记载,孔子确实说过:

> 父在观其志,父没观其行,三年无改于父之道,可谓孝矣。

但要考虑的是,究竟是因为孝而导致这些行为,还是因为这些行为而可谓之孝?这是第一。第二,"三年不改"的是什

么?道!道又意味着什么呢?是不是一般意义上的血缘亲情?不一定。孔子也说过:

> 今之孝者,是谓能养。至于犬马,皆能有养;不以敬,何以别乎?

问题的关键在于内心的敬。弟子宰我说:

> 三年之丧。期已久矣。君子三年不为礼,礼必坏;三年不为乐,乐必崩。旧谷既没,钻燧改火,期可已矣。

孔子就问宰我,把三年降为一年,你心里能够安稳、坦荡吗?宰我说可以,孔子说,如果心安,那就一年吧。可当师徒分别以后,孔子还是骂了宰我,三年才能"免于父母之怀",现在拿出三年尽孝道,还要讲那么多功利性的原因!孔子看重的是非功利性的情感,这和作为政制核心原则的亲亲有着实质性的区别。

史迁在《史记》中讲述了孔子的精神生命历程,引述了孔子很多话,但关于忠孝一字不提。史迁创作《史记》时,《论语》已经编订成书了,他对《论语》有着深度的理解和把握。

当然，那时《论语》的版本有好几种，与我们今天看到的通行版本是有差异的，以下讲述不排除猜测和联想成分。《论语》开篇"学而"篇第一章（句）：

> 学而时习之，不亦说乎？有朋自远方来，不亦乐乎？人不知而不愠，不亦君子乎？

其关键在于"君子"，"君子"指什么？第二章（句）——编辑者一定是有意安排的——是"有子曰"，将君子与亲亲尊尊原则内在地关联起来了：

> 其为人也孝弟，而好犯上者，鲜矣！不好犯上，而好作乱者，未之有也。君子务本，本立而道生。孝弟也者，其为仁之本与！

这里将忠孝连在一起，而且是递进关系，孝是忠的基础，自然不是法家所讲的忠孝不能两全。这么重要的一句话，史迁创作《仲尼弟子列传》时压根儿没有引述，而《论语》记录的有子的另外两句话都引了。这表明，在史迁看来，有子的话根本不能代表孔子的思想。而且，史迁写得很有意思，说孔子去世后，有子还被推为孔门的掌门人，原因是有子和孔子长得很像，而有子竟然接受了。师兄弟们像对待老师一样对待他，还向他提问请教，可有子完全无言以对，和老师孔子相比差远了，结果只能一哄而散。

所以，无论从《论语》还是从《史记》的记载看，孔子注重血缘亲情，但对亲亲尊尊这一周礼持守的政制秩序构造原则是不看重的，对自己树立的周公形象是不断反思的，甚至还进行颠覆性的自我检省，以至于临终时认定自己是殷人之后。

我们在谈了军事、政制的权力结构和原则后，再来看看礼与乐本身。史迁写了《礼书》《乐书》。《礼书》讨论了礼的起源与演变，一直讲到史迁的当朝，重在揭示礼的品质。有人说《礼书》主要抄自荀子，史迁受荀子的影响很大是肯定的，可内容延续至当朝，不可能全部来自荀子，且通篇一气呵成、结构完整，没有东拼西凑的痕迹。只能说史迁对礼的看法与荀子大致相同。

唐顺之对《礼书》有过这样的评价：

> 嘉秦皇，贬叔孙，削孝文，惜晁错，而嗤当世之儒者，详婉予以自荐。

我在阅读《礼书》《乐书》和三代本纪、世家、列传时，感觉《乐书》辑录的痕迹很明显，当然，《乐书》也属于《史记》中所谓"有目无书"的十篇之一。礼本来就包含了乐，礼乐文明关键是礼，与战争之刑相对。史迁确实批判了当朝对礼乐文明的拔高，唐顺之说他"嘉秦皇"，还真有一定的道理。《秦本纪》整个儿写的就是一个养马的小部族最后发展到吞并东方六国的大国崛起的历史，《秦本纪》和《秦始皇本纪》是连成一体的，体现了秦的励志、奋斗、隐忍、牺牲精神。为达目的，秦看重的是人才而不是礼乐，甚至通过违背礼而凝聚政治意志，史迁对之没有批评，反倒是崇尚其英雄气。秦的兴盛史也就是礼乐文明的衰败史，两厢对照，史迁似乎真有"嘉秦皇"的意思。说史迁"惜晁错"也没问题，就对帝国的忠诚而言，晁错比之前的贾谊和后面的公孙弘之流坚定多了。

回到本纪来看礼乐文明生成的历史。《夏本纪》一开始就展示了大禹缺乏对舜的政治忠诚，又有着高超的政治技艺。史迁挑开政治的道德面纱，让人们看清政治的本来面目。大禹治水实则治国、治天下，这不需要神化和道德化，礼乐文明一开始就伴随着政治谎言。《殷本纪》同样如此。不管通过梦、神树玩了什么花招，作为政治技艺是无可厚非的，殷商部族和其他部落联盟的关系处理得好就兴，处理得不好就衰，这是客观事实，道德上没什么好评价的。周标志着三代礼乐文明的定鼎与兴盛，周文王的爷爷古公亶父本身，就是个政治韬略家，他看到了姬姓部族的政治前途。从道德上讲，周比夏、殷更不忠诚：文王作为臣子本来可以对商纣王死谏，像比干那样，可他非但没有，反而纵容商纣王的缺德，且对其行贿，投其所好；武王更糟糕，还有装病的嫌疑，弄得周公还得立誓；后来者如周幽王，就更没德行了，落得个身死而国灭。史迁告诉人们，这是史实，要直面政治的真相。

《礼书》一开篇就说：

> 太史公曰：洋洋美德乎！宰制万物，役使群众，岂人力也哉？余至大行礼官，观三代损益，乃知缘人情而制礼，依人性而作仪，其所由来尚矣。

礼乐秩序其实是任何个体生命都向往的，和平、安宁、安定的生活境遇离不开礼制，人人都懂，不是什么了不起的王道政治理念，"缘人情而制礼，依人性而作仪"，乃人之常理，人之常情。这是史迁的高明洞见。观三代之损益，整个礼乐的变迁史其实就是人之常理、人之常情的演进史，治乱兴衰的关键，就在于是否合于人性之常道，在于是否建规守矩——这就叫礼制。这是一方面。

另一方面，史迁给我们展示出礼乐文明的缺陷所在："缘人情而制礼，依人性而作仪"，礼乐的理性化程度是不高的，抽象化程度是不够的，压根儿不具备超越性和神圣性。它世俗性太强了，源于人情、人性的礼乐文明可能自我混沌，也可能一定程度上自我厘清，但始终潜伏着自我颠覆的机制；通过道德化而成王道政治，于事无补，它本身就缺乏道德的自我意识，缺乏自我升华的可能，是在同一个层面上自我搅扰；亲亲尊尊的原则其实是无原则的原则。为什么说史迁"嘉秦皇"？秦国恰恰是对基于血缘的宗法秩序的背叛，它始终有一个政治目标，尤其体现在对中原人才的重视与任用上。商鞅当时离魏去秦的理由之一，就是秦国的礼乐文明程度不高，这恰恰使得人为的理性设计可以不受太多血缘亲情的羁绊。商鞅变法中，那些国戚宗亲尽管强烈不满，但必须隐忍，哪怕后来杀了商鞅，也没有改变商鞅的变法体制，甚至要比秦孝公时更为严格地加以推行。这本身就是对源于人情人性的礼乐秩序的颠覆，却使得秦国后来能大踏步东进，以至兼并天下。

史迁在反思当朝，倍感当朝儒生说教的空洞。他们既不懂历史，也不懂孔子，可为什么要睁眼说瞎话？史迁的结论很简单：就是为了迎合当朝，换取利禄，儒学不过是换取利禄的筹码、进身政治的敲门砖罢了。

第四讲　秦始皇与帝制的开创

同学们,我们这次《史记》导读的主题是:战争、变法与帝国政制。

史书常说,春秋时代礼崩乐坏,三代礼乐文明秩序遭遇巨大挑战。接替礼崩乐坏的春秋时代而来的,是战国时代,这是战争与变法二重奏的时代。代替三代礼乐文明秩序而兴的帝国政制,是战争和变法的结果。

(一)

《史记》中,三代本纪之后,是《秦本纪》《秦始皇本纪》,与此紧相关联的是《三代世表》《十二诸侯年表》《六国年表》和诸篇世家与列传。史迁的目的是要追究帝国政制究竟是怎么来的，应该说，这也是他"一家之言"的重要内涵。

史迁在写作上述诸篇时，总要提到一个人——孔子。《史记》的撰著参照了《秦史》和《春秋》，在交代史料来源时要提到孔子。更重要的理由是，孔子是君子之言、圣人之言的最重要的代表，孔子成了洞察、评判从三代礼乐文明秩序到帝国政制建构的标准和尺度。实际上，史迁是要告诉人们，孔子并不像董仲舒、公孙弘这些当朝儒生那样，高唱什么王道政治，他要把孔子从王道政治的合唱队中抽离出来。在《孔子世家》里，史迁把布衣孔子写得很清楚，这位至圣不仅是儒家之宗，更是百家之宗。也就是说，当朝"罢黜百家，独尊儒术"，很可能是对孔子的扭曲。

《史记》至少有两大主题：一是战争与变法推动经验历史的演进；一是诸子百家的思想脉络。前者是物质的，后者是精神的；前者涉及帝国肉身，后者涉及帝国心灵。因此，在《史记》中有两个大立法者，作为这两大主题的象征与代表：一个是诸子百家之宗的孔子；一个是帝国政制的立法者秦始皇。

在写作技术上，《秦本纪》与《秦始皇本纪》完全可以压缩成一篇，用几句话交代嬴氏族的源起，重点记叙穆公、孝公与秦始皇，但史迁没有这样安排，可谓匠心独运。《秦始皇本纪》记述了一件大事，就是所谓的"焚书坑儒"，史迁只是详尽记叙了事件的起因和经过，不加评说。

秦始皇统一六国后，面临着一个抉择：究竟是推行郡县制还是恢复分封制？在这个关键时刻，心灵的立法者与肉身的立法者相遇了，在象征意义上，孔子与始皇的纠结不可避免地发生了。心灵史特别强调记忆，必定回首过去；现实政制则需要遗忘，强调向前看，否则怎么变法改制？这是一场记忆与遗忘的冲突。就现下来看，遗忘一定要战胜记忆；就未来而言，记忆又常常超越遗忘。也就是说，孔子很可能是永恒的，秦始皇则可能昙花一现。

史迁不尚空言，他记叙历史，与当朝儒生显然异样。

秦始皇刻石立碑，说为了天下和平，一定要铲除战争的祸根；而人们凭借史书牢固记忆的那个东西，正是数百年战乱的根源。因此，遗忘一定要战胜记忆，哪怕消灭肉身。秦始皇当时有些无奈，先是收书，企图把记忆封存在国家图书馆里，可上缴图书的法定期限已过，仍有人私藏图书，他只好痛下杀手了。灭掉记忆这件事不容易做成，秦始皇很紧张——那时六国的残余势力都在暗中涌动，他能不紧张吗？杀人肯定是不对的，是残暴的。史迁憎恨残暴，不可能为秦始皇辩护，但史家必须实录事实——记忆与遗忘的对抗。现实政制一般都不允许回忆，它所允许的记忆是选择性的，史迁要告诉人们的正是这个事实。

公子扶苏和儒生素有交谊。他有与父皇不一样的看法：

父亲让人不要记忆，而要遗忘；儿子却说，人们的记忆扎得太深了，一下子抠掉恐怕不好办，要慢慢来。这让父皇很生气，勃然大怒。秦始皇非常残暴，又是战争中过来的，没少杀人，再说儿子也多，可秦始皇没杀扶苏，只是将其贬出咸阳，派到北边蒙恬军里做监军。蒙恬此时正率领三十万大军重修长城。这哪里是处罚呀！扶苏的人缘可好了，与蒙恬的关系向来不错。看来，秦始皇太聪明了，他或许没想对儒生那么狠，只希望他们暂时装一下糊涂，稍微给自己一点时间，别逼得太紧了。史迁告诉我们，凡事不要一来就站在道德的制高点上唱高调，要先弄清历史原委。这当然不是说秦始皇杀人就对，杀人永远都不对，就连在战争中杀人也不可谓对，可这个世界毕竟不是天堂。

一个肉身的立法者，一个心灵的立法者，很可能要打架的：肉身与心灵冲撞，欲望与理性对抗。要经过很长的时间，才可能达到灵肉合一、内外和谐的生命状态。到了史迁的当代，情形又如何呢？他为什么要立"一家之言"呢？他看得很清楚，肉身与心灵的对抗到了他的当朝，结果是更为糟糕的焚书坑儒，只不过换了一批"儒"士而已。通过"罢黜百家，独尊儒术"，来达到灵肉一体、遗忘与记忆的平衡，不正是被儒生们骂得狗血喷头的秦始皇的招数吗？这又有什么高明之处呢？不也是要灭掉记忆或者有选择地强迫记忆吗？这两大主题，史迁写得很充实，其当朝所谓的平衡，仍然是偏执的平衡。

（二）

帝国政制的根源在三代礼乐文明。礼是秩序，乐是礼制秩序的和谐品质。可是，礼自身能够乐化吗？

礼乃是基于自然血缘的宗法伦常秩序，本身就有乱的可能。所谓三代之王道政治，其实一点都不神秘，长幼尊卑有序，上下贵贱有等，所谓亲亲尊尊而已。问题在于，从亲亲推出尊尊，已经超出自然秩序，与经验事实不一定吻合。自然血缘与宗法伦常，作为未经区分的经验事实，其理性化程度不高，理性仅仅体现在对自然秩序的体认与臣服。基于自然血缘的臣服理由，其效力很薄弱，难以代代传递。礼制秩序不是基于抽象的正义理念，而是基于血缘、经验和暴力，作为其杰出代表的三代礼乐文明，说到底，则主要是基于暴力，是有自然血缘关系的族群彼此较量的结果。这一结果，便被视为正义。而在古希腊、罗马，不管结果如何，每个人手里都拿着正义之剑，都敢于对某种结果加以评判。史迁的三代本纪写得很清楚：成王败寇！不是基于正义理念而建立的礼制秩序，其本身就意味着无法乐化。孔子忧思置身其间的乱世，回首三代，已经强调了礼制本身之损益。所以，战争与变法之根源就在礼的本身，礼崩乐坏催生了战争与变法。

对于孔子复述并倡导的"克己复礼为仁"，史迁是认真对待的。《三代世表》有言：

> 太史公曰：五帝、三代之记，尚矣。自殷以前诸侯不可得而谱，周以来乃颇可著。孔子因史文次《春秋》，纪元年，正时日月，盖其详哉。

意思是，在孔子的《春秋》中，史迁自己没看到当朝儒生赞颂的王道政治；相反，倒是看到礼乐文明乱象丛生。

《十二诸侯年表》就更有意思了——

> 太史公读《春秋历谱谍》，至周厉王，未尝不废书而叹也。曰：呜呼，师挚见之矣！纣为象箸而箕子唏。周道缺，诗人本之衽席，关雎作。

为什么要叹息周厉王呢？基于自然血缘的秩序，乱其实是无可奈何的结果，周厉王的暴虐将姬周推向悬崖，而周幽王的昏聩则将姬周送上不归路。说到底，是制度本身使然。"诗人本之衽席，关雎作"，孔子不会视之为淫诗，他关注生命及其成长的制度环境。紧接着是：

> 太史公曰：儒者断其义，驰说者骋其辞，不务综其终始；历人取其年月，数家隆于神运，谱谍独记世谥，其辞略，欲一观诸要难。

这就直接开骂了：包括儒生在内的很多人是断章取义，胡乱演绎，根本没读懂孔子的《春秋》。

《六国年表》是怎么写的呢？六国本来是礼乐文明最正宗的传人，可是最后被秦国灭了——

> 太史公读秦记，至犬戎败幽王，周东徙洛邑，秦襄公始封为诸侯，作西畤用事上帝，僭端见矣。

本来《秦本纪》就可以从这里写起，可史迁没有这样谋篇。我们后面再说为什么如此。史迁说秦国抓住的机会，不就是山东六国自己乱了，奉送给秦国的吗？

史迁的"一家之言"，要反对当朝那些阴阳怪气的王道说。

如果王道说是儒学，那孔子只好成为"至圣"，超拔于王道之上。孟子称孔子为"集大成者""圣之时者"，史迁赞孔子为"至圣"。史迁之前，周公是"至圣"，孔子是"先师"。

周公与孔子的关联意味悠长，要么是孔子塑造了周公，要么是周公催生了孔子，两者都是文化的塑造，与历史的经验事实有别。

秦始皇与孔子的对抗，其源头可追溯至周公。周公恰恰是一个强调记忆的人，《尚书》记载了周公关于记忆的诸多告诫，礼制最后衍生出暴君秦始皇，让六国消除自身历史的记忆。

孔子最后搞明白了这一点，试图清除年轻时候对周公的记忆，他当然不好明说，只说："甚矣吾衰也，久矣吾不复梦见周公。"他对管仲、秦穆公这样的礼乐破坏者总是另眼相看，因为他明白了，礼制本身是要乱的。

在史迁那里，孔子又成了整个华夏文明记忆的守护者，成了记忆最好的一个人。史迁将孔子从汉儒编制的谱系中解放出来，置于政治之外，使之成为与秦始皇对抗的心灵的立法者。心灵的立法者，本质上就是记忆的守护者。史迁把孔子称为至圣，恰恰是对政治肉身的反叛，对帝国政制的反思。

这就是孔子形象在战争与变法，或者礼崩乐坏背景中的生成与演化。

（三）

《史记》十二本纪是华夏政治文明史的纲纪，可分为几个段落。

第一个段落就是《五帝本纪》。《五帝本纪》既是史迁对华夏文明基本秩序和品质的追忆,也是对其"一家之言"所要表达的政治理念的悼念。

第二个段落包括《夏本纪》《殷本纪》《周本纪》,记叙三代礼乐文明。这是儒家特别看重的王道政治时期。

第三个段落是《秦本纪》和《秦始皇本纪》,是对三代礼乐文明的挑战。

其余六个本纪构成第四段落,属于史迁的当代史。有意思的是,史家让项羽进入本纪,且置于当代史的开端。这位英雄最后唱着悲歌,自刎于乌江。

有了整体的把握,再看本纪就可能得其神髓了。

《五帝本纪》记叙的是人子,而非神子。人子干的是人事,人事重在政事。三代本纪昭示政事的秘密,王道政治不过是儒生编制的神话,战争击碎了这个神话。周公制礼作乐,分封建制,以藩屏周,可兄弟终于打起来了,三代礼乐文明在战争中完结。《秦本纪》记叙的,就是嬴氏族在长期战争中勃兴的历史,是一部奋斗史,战争史,也可以说是一部杀人史!替代礼乐文明的帝国政制是战争与变法的结果。

史迁在《太史公自序》中,全文收录了其父司马谈的《论六家要旨》,基于道家立场评价了各家短长,相当客观公允。

史迁是厌恶战争的，但著史必须客观。理想是永恒的，但政治不仅仅是理想，实际效用才是关键。史迁在政治事功上没少费笔墨，尤其体现在世家和列传之中，比如《商君列传》将商鞅变法写得清清楚楚，还实录了变法的效用："民心大悦。"商鞅是个战争贩子，在评赞中，史迁批评商鞅"刻薄寡恩"。商鞅自己说过，他要"以刑去刑""以战止战"，他要突破血缘伦常，突破亲亲尊尊。王子犯法与庶民同罪，当然是"刻薄寡恩"的。庄子说"道是无情却有情"，没有一种制度不是冰冷的，柔情保证不了制度必须具备的理性精神。制度有缺陷太正常了，适时地改变制度，也因此而成为政事的应有之义。所以，对商鞅的评价也不意味着史迁有多大的偏向，恰恰表明他看清了制度的真相。不以物喜不以己悲，应是史家的德行。

（四）

《秦始皇本纪》与《秦本纪》分开来写，很有意思。如果没有《秦始皇本纪》，《秦本纪》就不能成立，顶多是个世家，是《秦始皇本纪》将秦从世家提升到了本纪的地位；如果没有《秦本纪》，《秦始皇本纪》就成了无源之水，无本之木；将两篇合为一篇，从三代礼乐文明到帝国政制的巨大转型，就显得过于轻飘飘了。

有解释说，从技术角度讲，两篇连起来写，篇幅就很大，所以必须切成两段。这种解释非常肤浅，没有什么意义，如是解说，《史记》的好多篇都可以拆开了。篇幅长短，本不是史家撰史所要考虑的问题。这根本不是问题。

《秦本纪》与《秦始皇本纪》，意味着一场旷日持久的大革命。这场大革命的孕育与发生，恰恰要通过《秦本纪》来展现。三代礼乐文明是如何发生质变的？秦作为一个诸侯国怎么去理解、把握并有意识地突破传统，以开创一个新世界？从秦开始，夏商周三代秩序发生了大裂变，裂变的结果，通过《秦始皇本纪》展示出来了：亲亲尊尊的血缘宗法政制造成了一个大帝国，皇权高度集中，由中央分派地方行政长官的官僚政制，替代了三代礼乐文明的分封建制，官僚制替代了封建制。

华夏文明分为两段，前后各两千多年，分水岭就在这里。

这是不是史迁无意撞上的？是我们由果推因刻意彰显史迁的高明吗？不是！史迁写的就是当代史对未来的影响，如果他看不到这一点，就不可能有那么大的动力，忍辱负重，一定要完成《史记》，也不可能将反思与批判精神贯注全书。人的思想往往由对未来的洞见所主导，对未来无所谓的人，也一定对现实无所谓，对历史就更是漠不关心了。史迁自觉地述往知来，是一个富有牺牲精神的圣者。

（五）

我们来看《秦始皇本纪》的谋篇布局。

第一个部分是写嬴政怎么成了秦王的。到了战国，诸侯国国君都不再称"君"了，而纷纷自立为"王"。周王那时还在，叫"共主"，但谁也没把他放在眼里——周王萎靡不振，生存都艰难，纯粹是一个可有可无的符号。战国之前的诸侯国国君是有爵位上的等级之分的，有的国君称公，有的称侯，有的称伯，秦国立国伊始，国君称公。《秦本纪》记载，到了秦孝公时，商鞅变法取得巨大成效，明确的战略目标就是东进，孝公的儿子继位后称王，就是秦惠文王。嬴政13岁时，他的父亲庄襄王去世，他继位为秦国国君，面临的局面，是各诸侯国之间的兼并战争已经发展到你死我活的白热化地步。嬴政继位，四面临敌，可谓受命于危难之际。从秦孝公任命商鞅变法算起，到嬴政已经是第七代了，秦国已经不是商鞅变法之前的弱国，被动挨打的局面早已成为过去。秦国国力强大，以至于树大招风，山东六国都感觉到了来自秦国的威胁。《秦始皇本纪》就从这里写起。

嬴政号令秦国军队南征北战，终于秦王政二十六年，灭掉六国。从受命为秦王到成为天下之王,他一共用了26年时间,其间把名存实亡的周天子也给灭了。

13岁即位时,嬴政奉吕不韦为仲父。史迁将嬴政灭掉东方六国的过程按纪年罗列下来,这个过程值得我们仔细品读:这个受命而为秦王的年轻人,真正自立自主地表达自己的政治意志,展示自己的政治权威的过程,也就是吕不韦被这个年轻人打败的过程。

关键在于嫪毐事件。嬴政的父亲当年地位是很低的,那时,为了表明诚意,各诸侯国常以王子为人质相互交换,嬴政的父亲就是换去赵国邯郸做人质的王子,人称"异人"。异人后来怎么又当了秦王呢?这就有了吕不韦的故事。

吕不韦是个商人,卫国人,他出生时,卫国早就成为附庸国了,快完蛋了。完蛋的时候,还发生了荆轲刺秦王的事件。荆轲也是卫国人,是个刺客,被燕太子丹看重,派他到秦国刺秦王。这两个卫国人都很有意思。商人其实没什么想法,自古以来以赚钱为本,可刺客就不一样了。荆轲还是个读书人,瞧不起不读书的刺客,他的文化修养特别高,奉命出发前,在易水河边,根本不谈钱的事,与艺术家高渐离一道开了个演唱会,悲壮极了,"风萧萧兮易水寒,壮士一去兮不复还",连命都不打算要了。

吕不韦决意做一笔大生意,要把天下给赚了,他把赌注下在了异人身上。异人当时在邯郸,生活很落魄,吕不韦请他吃饭喝茶,提出要和他做笔大生意:吕不韦助其脱离赵国,回秦国当秦王,而他要给予巨大的回报。异人做梦都没想到有这等好事,他那时是个连老婆都没有的穷酸汉,自然爽快地答应了,就当是美梦一场。没想到,吕不韦还把事情弄成了,异人的美梦成真了。异人回到秦国,被立为太子,而且运气好极了:他父亲继位三天就死了,他顺利当上了秦王。三年后,异人(庄襄王)也死了,儿子嬴政继位为秦王。

嬴政的母亲叫赵姬,是吕不韦的情人,异人看上了,吕不韦就把赵姬送给了他。这样一来,嬴政的身世就搞不太清了,吕不韦有可能是他的父亲,后人有太多的演绎。吕不韦的大生意成了,封了侯,还做了国相,为秦统一天下出谋划策,还组织门客编写了《吕氏春秋》,见识颇为深远。李斯就是吕不韦的一个门客,后来成为嬴政的重要谋臣。赵姬漂亮,性感,不讲规矩,吕不韦很头疼,就安排了一个假太监嫪毐伺候她。嫪毐是一个帅哥,性爱高手,和赵姬还生了两个儿子。此人政治野心越来越大,准备发动政变,这就引发了嫪毐事件,嬴政趁机把吕不韦也给灭了。

本来是打天下的时候,重点该写战争,可史迁却着力写了嫪毐事件。表面上看,嫪毐事件是嬴政的家事,可实际上却是政事。嬴政借嫪毐事件,灭掉吕不韦,处理的其实是三代以来家天下的政治难题。

在战争环境中，嬴政还要处理秦国历代面临的外来人才问题。这个问题在商鞅变法时就特别突出，嬴氏族和中原人才的较量非常激烈，乃至于商鞅付出了本人及其家族的性命。秦穆公重用中原人才，比如五羖大夫百里奚和蹇叔，而使秦国显赫一时，但其后由于人才凋零，加之数代内斗不息，秦国由盛转衰，危机日益深重。在战争中成长起来的秦孝公，一即位就向天下发布了求贤令，将重视外来人才提升到国家战略的高度，大大激化了本族与外族的矛盾。秦孝公能隐忍，且具有高超的平衡术，在重用以商鞅为代表的外来人才的同时，对本族反变法势力隐忍而不予清除，给自己的继任者秦惠文王留下了一道棘手的政治题目。秦惠文王采取的办法是杀商鞅，让本族人失去反抗的借口。他的高明就在于只杀商鞅，而不打击商鞅的变法派，秦国因此成了外来人才的汇集地，也因此再度强大起来。到了秦王嬴政的时候，人才竞争已呈白热化，个人获利的欲望毫无掩饰的必要了。商鞅还是一个理想主义者，做成事是人生最大的追求，可到了嬴政的时候，个人获利和享乐的欲望，成了时代精神的核心内涵。

史迁通过对吕不韦、赵姬、嫪毐等人的记叙，实录了嬴政直面的时代精神。

这种时代精神最典型的代表是李斯。《李斯列传》一开篇就把这一点说得透彻极了：

> 李斯者，楚上蔡人也。年少时，为郡小吏，见吏舍厕中鼠食不洁，近人犬，数惊恐之。斯入仓，观仓中鼠，食积粟，居大庑之下，不见人犬之忧。于是李斯乃叹曰："人之贤不肖譬如鼠矣，在所自处耳！"乃从荀卿学帝王之术。学已成，度楚王不足事，而六国皆弱，无可为建功者，欲西入秦。辞于荀卿曰："斯闻得时无怠，今万乘方争时，游者主事。今秦王欲吞天下，称帝而治，此布衣驰骛之时而游说者之秋也。处卑贱之位而计不为者，此禽鹿视肉，人面而能强行者耳。故诟莫大于卑贱，而悲莫甚于穷困。久处卑贱之位，困苦之地，非世而恶利，自托于无为，此非士之情也。故斯将西说秦王矣。"

艳羡仓鼠的李斯与秦王嬴政的"生意"，还要继续做下去。

嬴政要对外来人才进行清洗了，否则，嬴氏族就会沦为一个符号，秦国则可能成为人们瓜分天下的道具。战争也是政治，嬴政要考虑的是战争结束后，整个局面的安排。于是，他下达了逐客令，这等于剥夺中原人才已经积攒了数代的利益。作为楚国人的李斯可精明了，在离开秦国时，写下了著名的《谏逐客令》,质问嬴政:您把我们赶走了,秦国怎么办?您可别忘了,秦国是怎样强大起来的,您还没过河就拆桥,明智吗?嬴政知道,这帮人现在不能走,但制度如何设计是个大问题,这又何尝不是李斯关心的大问题啊!嬴政把李斯召回来了,且委以重任,让他登台表演。他们要合伙做生意,试图搞出一套能够双赢的制度。

本来,写到秦始皇沙丘平台去世,后面的内容就可以从简了,但《秦始皇本纪》的谋篇布局不是这样的,史迁花很大的篇幅,写李斯、赵高这些生意人如何相互利用、撕咬,终至于家破人亡,写秦二世这个享乐者如何在这场生意中,很快就糊里糊涂地赔上了江山。

史迁提醒我们思考:秦始皇之败,究竟败在哪里?

有一个人值得我们注意,他带出了商人的品质和战略家的品质。这个人叫尉缭,也不是秦国人。李斯因谏逐客令而被召回来后,尉缭深悟嬴政兼具商人和战略家的品质,便以外来人才的身份,给嬴政出了个馊主意,没有一点贵族气的馊主意:

> 愿大王毋爱财物,赂其豪臣,以乱其谋,不过亡三十万金,则诸侯可尽。

意思就是，倘能把天下的人都变成吕不韦、嫪毐，还需要打什么仗啊！嬴政一听，有道理。秦国当时除了在沙场上硬拼，还开辟了一个第二战场——挖墙角，行贿，搞恐怖活动。谈什么君子小人！大家都是平等的生意人，没有高贵与龌龊之分。尉缭清醒得很，他不像李斯那样利欲熏心，对嬴政的看法是这样的：

> 秦王为人，蜂准，长目，挚鸟膺，豺声，少恩而虎狼心，居约易出人下，得志亦轻食人。我布衣，然见我常身自下我。诚使秦王得志于天下，天下皆为虏矣。不可与久游。

嬴政一听说尉缭献计后要走：不行的，必须留下来，你要到别的国家也献计怎么办？国家机密啊！留下来，而且要重用。于是任命尉缭为秦军总司令。李斯当参谋，尉缭做司令，以秦国人才此时之多，山东六国怎能抵挡！

史迁笔下的秦始皇，半个英雄，半个痞子。痞子加英雄，哪有孔子那样的圣人气象？英雄是要嗜血的，但痴迷嗜血，就连痞子都不及。史迁崇尚英雄，春秋战国是个英雄辈出的时代，但真的英雄应该涵养和坚守平和高贵的气质。尉缭知道，嬴政剪除内乱，安定后宫，使用人才，会赢得战争的胜利,但他无法守成,终究必败。史迁借尉缭的口,说出了这个时代一大拨半吊子英雄的结局:他们在战争中集体失忆,丢掉了贵族气质,终被利欲淹死。

(六)

《秦始皇本纪》第一部分记叙了秦王嬴政南征北战、统一六国的过程,可对照《六国年表》来看。秦与六国——魏、韩、赵、楚、燕、齐——的兼并战争,彻底结束了姬周历史,秦代周而兴。

秦统一天下之后,怎样进行制度建设,是《秦始皇本纪》的核心内容。

嬴政打败六国之后,再叫"秦王",就有些"名不正"了。战国时代,各诸侯国国君都称"王"了,都没把周天子放在眼里,都有兼并天下的政治野心,谁都明白战争的最终结果,是取周天子而代之。史迁不是仅仅描写战事,而是揭示战争的实质:战争不过是另外一种形式的政治,或者说是政治的继续与演变,发动一场战争其实是政治意图的昭示。

《秦始皇本纪》第一部分写战争,实际是写秦王嬴政统一天下的政治战略。如果嬴政战死沙场,他可谓战争英雄。以英雄的标准看,嬴政的幸,在于他不仅统一了六国,而且还活了下来；其不幸，也恰恰在于他没有战死沙场。

秦初并天下，要解决的第一个问题就是嬴政的尊号问题。这绝非个人的私事，而是天下的大事，用今天的话说，涉及政治正当性。秦用武力统一六国，难获天下人心，号令天下不一定具有正当性。战争只需要拿实力说话，战争中对天下的号令，不过是外交辞令而已。六国战败，可能不服秦的天下号令，因为自己可能仅仅输在战争谋略和实力方面，寻求东山再起的机会，未必不正当。比如，后来挑起灭秦战争的陈胜、吴广，在田间地头思考"王侯将相宁有种乎"的问题，就意味着对秦号令天下的理由的质疑，意味着楚对秦的不服气，也多少表达了楚王天下的自信和愿望。秦靠武力统一天下，并不意味着就获得了号令天下的资格。

具有战略家气质的嬴政对此很明白：秦现在需要旗号，以表明号令天下的正当性。他知道，自己的出身其实很卑贱，虽然是贵族后裔，但其父是被派到赵国做人质的，连名字都叫不出来，人称"异人"；时势成就了自己，做了秦王，参与了战争棋盘上的平等较量，虽然赢得了战争，但不能是个草寇王，如果没有让人服气的理由，博弈就有可能重新开始。可天下能这么游戏下去吗？不能！他找到了这个理由，那就是后来在巡行天下途中，通过刻石立碑，不断加以强化的一个概念：

天下和平。

自黄帝伊始,战事频仍,可没人讲"天下和平"。经历五百余年惨无人道的战争后,嬴政说:

寡人以眇眇之身,兴兵诛暴乱,赖宗庙之灵,六王咸伏其辜,天下大定。

他讲得振振有词,号令天下的道德正当性呼之欲出:战争该结束了!

要如何巩固天下大定之局面?周天子是扶不上墙的烂泥,而天下不可一日无主。嬴政深知:

今名号不更,无以称成功,传后世。其议帝号。

回到西周?肯定不行,那是祸乱的根源;继续称"王"?不行,必须超越"尊王攘夷"。嬴政紧紧抓住姬周本身的制度问题:分封制意味着祸起萧墙。秦国正是始于分封建制出问题的时候,其忧患意识深重,对姬周礼制的劣根性,感触亦远较六国敏锐得多。记忆必须重塑:

> 今陛下兴义兵，诛残贼，平定天下，海内为郡县，法令由一统，自上古以来未尝有，五帝所不及。

于是——

> 去"泰"，著"皇"，采上古"帝"位号，号曰"皇帝"。

秦王嬴政成了"始皇帝"。

秦始皇并没有剪断历史，他只是重塑记忆。他可能没有想到，自己通过"皇帝"而重塑的记忆，会在其后华夏文明的历史长卷中留下那么持久的印记。他以皇帝之尊而号令天下——

> 朕闻太古有号毋谥，中古有号，死而以行为谥。如此，则子议父，臣议君也，甚无谓，朕弗取焉。自今已来，除谥法。

他很可能根本想不到，自己的这个号令会产生那么持久的效力。

嬴政把之前三千年的历史浓缩为"皇帝"两个字，开始了一种新记忆;取消谥号,又试图消灭一种记忆。这无论如何都令当时的士子们产生一种难以化解的心灵纠结。"焚书坑儒"在所难免。

(七)

我们来看制度建设的第二个内容。

商鞅变法本身就是制度建设的新探索,那时是秦国内部的事,到秦始皇时,就成了天下大事了。争论延续的时间很长,秦始皇追求的政治目标,真正在制度上得以落实,是在汉武帝时期,也就是史迁的当朝;而争论背后隐含的政治思维、政治精神,则延续更其久远,迄今仍有所谓新儒家与新法家之分。

儒法之争究竟是怎样演化为一个重要的政治思想史事件的呢?

尊号议完以后——

> 丞相绾等言:"诸侯初破,燕、齐、荆地远,不为置王,毋以填之。请立诸子,唯上幸许。"

大秦帝国幅员辽阔,地大物博,如何具体安排权力秩序,王绾建议还是封王。意思是，还得在一定意义上重启礼崩乐坏之前的分封建制，不过，这是为了实实在在的帝国治理，并非要接续过去的世卿世禄之贵族谱系。帝国地缘辽阔，首都是咸阳，燕、齐、楚地处偏远，中央号令如何达到各地，以实现中央政治意图？分封建制恐怕不能全废了，所以丞相绾请立诸子，没有提及功臣。而秦国打天下，靠的是中原人才，是异姓。问题严重。秦始皇希望一世二世……永世传承，所以，不能说王绾没有搞懂秦始皇的意图。

李斯则从历史记忆讲起：之所以有五百余年的战乱，根源就在于分封。西周分封时，同姓占据核心地位，鲁卫燕晋都是兄弟，结果也没能维护天下共主的局面——

> 周文武所封子弟同姓甚众，然后属疏远，相攻击如仇雠，诸侯更相诛伐，周天子弗能禁止。

这最终导致了礼崩乐坏，天下失坠，分崩离析。

王绾好像代表了儒家，与皇权传承的意图是吻合的，但历史记忆告诉李斯，这种制度安排是靠不住的。李斯某种意义上超越了私，所代表的似乎是法家，李斯讲的历史是属实的，非但没有扭曲历史，反而唤醒了人们对历史的清晰记忆，为当时的制度设计提供了借鉴——

> 今海内赖陛下神灵一统,皆为郡县,诸子功臣以公赋税重赏赐之,甚足易制。

李斯既希望消除血缘伦常的瓜葛,又必须考虑现实利益的分配,而这同样是摆在秦始皇面前的大问题。

我的意思是,帝国之初的争论说不上是儒法之争,那时主要不是主义(意识形态)之争,大家在主义和意识形态上恰恰是一致的:要天下和平、统一、稳定。无论王绾、李斯,还是秦始皇,都没有异议。主义是理想、蓝图、目标,因此不能说法家好战,儒家和平。争议点是如何进行治理,这是政治技术问题——目标、观念怎样落实为规范与秩序的问题。

秦始皇对此非常明确,没有贬低法家,也没有对不起儒家。他是皇帝,要超越五帝,就必须做实事——如果他挑起价值之争、诸神之争,事情就麻烦了。再说,这是在朝堂上,发表不同意见的人都是他的臣僚,不是流落江湖的六国野士。这时候的秦始皇并没有价值立场上的选择和偏好,争论往往有助于达成共识。所以,他说:

> 天下共苦战斗不休,以有侯王。赖宗庙,天下初定,又复立国,是树兵也,而求其宁息,岂不难

哉！廷尉议是。

记忆告诉他,再封王,就是重新树兵,就埋下了战争的种子。他的判断根本就不是价值判断。随后他把秦国自商鞅变法以来的郡县制推广到全帝国。

南边新设三郡,北边派蒙恬率领三十万中央军,把匈奴赶到漠北,又收缴天下兵器,铸成十二个金人,以示息兵。真的是"天下初定"。

于是,大宴群臣。

宴会上,有个叫周青臣的,属于"歌德"派,颂曰:

> 他时秦地不过千里,赖陛下神灵明圣,平定海内,放逐蛮夷,日月所照,莫不宾服。以诸侯为郡县,人人自安乐,无战争之患,传之万世。自上古不及陛下威德。

有个叫淳于越的,以忠臣自居,其实也属"歌德"派。"歌德"派是要惹事的:"忠臣"一亮相,"奸臣"就跟着诞生了。这个"忠臣"说,天下的问题还多啦!(也没乱说,陈胜吴广一起来,天下那些人不都动起来了嘛!)根本就没有大定,作为皇帝的臣子,不看到帝国的危机,反而灌迷魂汤,这不就是奸臣吗？

这样，争论又起，后果严重，引发了"焚书坑儒"事件。

"歌德"派又把分封建制的问题抖了出来。李斯于是又一次显赫起来。儒法之争愈加明显。

儒家重在对三代礼乐文明的意义阐释，不像法家那样激烈地批判和否定礼制传统。秦始皇选择了中央集权的郡县制，可秦"二世而亡"。人们在不否定天下一统的前提下，从制度的角度思考秦短命的原因，就容易将分封制与郡县制这一技术之争，转化为道德判断上的价值之争。于是儒法之争这一思想史事件就开始了自己的生成史。

其实，历史的真相并非如此。

比如，荀子是生活在秦即将统一天下的战国末期的思想家，李斯和韩非都是他的学生，似乎不能说两个弟子都背叛了老师。荀子有深切的历史意识，又拒绝道德高调，李斯和韩非对老师思想的精神领会，应该说是准确而深刻的。秦王嬴政一统六国的战略，可谓荀子隆礼重法思想的现实版，秦国变法的成效，也已经在战争中充分显现。李斯和韩非两人与秦王嬴政的瓜葛，尤其是秦始皇与李斯基于历史经验的总结，而选择郡县制，不是对荀子的背叛，也不是对儒家的挑战。

所谓战国时代"诸子百家"，说的是思想家的个性，而非派系。荀子是个独立的思想家，韩非、李斯师从荀子，不等于信奉儒家,他们主张变法,也不等于归属商鞅学派。他们是独立的思想者,犹如战争英雄,颇富个性。荀子讲学的稷下学宫里,各种主张都有,思想者不是注重价值皈依的宗教信徒。孔子也不是什么儒家,孔子就是孔子,是个孤独者。对此,史迁的记叙是很清楚的。

我们来看《荀子》,开卷就是《劝学》《修身》《不苟》等等,很像儒家,可是在《非相》后,写了《非十二子》。对先秦思想的辨析,一个文本是《非十二子》,另一个是《庄子》中的《天下篇》,说的都是一个一个的思想者,并非针对哪个门派立论。《非十二子》之后,才是《仲尼篇》。荀子对孟子是怎么评说的呢?

> 略法先王而不知其统,犹然而材剧志大,闻见杂博。案往旧造说,谓之五行,甚僻违而无类,幽隐而无说,闭约而无解。案饰其辞,而只敬之,曰,此真先君子之言也。子思唱之,孟轲和之。世俗之沟犹瞀儒、嚾嚾然不知其所非也,遂受而传之,以为仲尼子弓为兹厚于后世,是则子思孟轲之罪也。

正是在打得不可开交的时候,孟子说了好些一句顶一万句的纯正理想主义的大话,可荀子说他是"瞀儒",是个蒙蔽天下、愚弄民心的人。这个评论够狠的了，论调十分鲜明。

我的意思是，那个时代的思想界，无所谓家法学统，有的只是面对天下大势而做出个性化选择的鲜活的思想者。孟子很鲜活，有其个性化的表达；荀子也一样，是个独立的思想者；商鞅同样是满腹经纶的人，被秦孝公相中，成了改革家；李斯学富五车，成了政治家；韩非孤愤一生。战国是名副其实的诸子时代。在史迁看来，孔子是孤独的哲人，是百家之宗，并不专属于儒家，诸子都从他那里获得智慧的启迪。

秦始皇面临的制度建设的技术之争，被演绎成了儒法之间的价值之争，的确与"皇帝"这一尊号的确立有关，它表达的是皇权专制的政治意志。皇权专制下的郡县制与天下共主（大宗）下的分封制（宗法），在处理中央与地方关系的制度安排上，差异是很大的。商鞅变法时的郡县制有着明确的战争使命，置身狼与狼的战争境地，血缘宗法伦常已无法有效凝聚政治意志。战争依靠集权者的临机处断能力和强大的生命意志力，在五百余年的战争环境中，秦嬴氏族养成了难以破除的冷酷而紧张的战争思维。秦始皇选择的皇权专制制度让战争思维与意志延续下来了，其后帝国尽管历经政制变革，但从未抛弃战争运行机制。

到了汉武帝时期，儒生首次获得了政治机会，但他们没有战争智慧，不过是依附于皇权专制的利禄之徒罢了。他们面临的是皇权专制和官场复杂的人际纠葛：每个人都怀抱私心，却又集体性地歌功颂德，思想个性已荡然无存。"罢黜百家，独尊儒术"之后的儒法之争，不过是"歌德"派重复上演的皮影戏罢了。

（八）

《秦始皇本纪》在记叙制度建设的曲折后，重点写了秦始皇的五次巡游，而他就死在第五次巡游的路上。

法眼观《史记》，与文学性地阅读，其实是可以贯通的。"焚书坑儒"事件，将秦始皇永远地钉在历史的耻辱柱上。回到当时的历史背景，我们多少能够感知秦始皇的紧张心理。有时候，批判一个人也意味着神化这个人。嬴政一降临世间，就有难以直面的尴尬，他不是什么天使，后来阴差阳错地做了秦王，艰苦卓绝地统一了六国，在争议纷纷中建立了大秦帝国。一路走来，他积累了太多的仇与恨。人们批评秦始皇心胸狭小、阴暗、不信任人，可谁让他阳光过吗？这个个体生命从生到死什么时候阳光过？我们不希望一个历史人物在我们内心变得越来越阴暗，如果这样的话，人世间很多悲剧的种子，很可能就是我们亲手种下的。将心比心，一部历史才能被我们读活。

史迁在《秦始皇本纪》中，长篇记叙秦二世，很大程度上启示我们思考：秦"二世而亡"是秦始皇的罪过吗？帝国的纲纪改变了吗？汉儒检讨秦始皇，可和秦始皇相比，汉帝国有什么实质性改变吗？没有啊！那为什么对制度创建者本人做出那么多不符合历史真实、主义式的价值判断呢？这就是我前面讲儒法之争的又一个层面。一旦变成了主义之争、诸神之争，个体生命就被遗忘、扭曲了，同时也意味着参与主义之争者，开始疏远甚至遗忘自己了。

> 分天下以为三十六郡，郡置守、尉、监。更名民曰"黔首"。大酺。收天下兵，聚之咸阳，销以为钟鐻，金人十二，重各千石，置廷宫中。

这叫刀枪入库、马放南山，不仅入库，而且销毁。秦始皇销毁战争工具，他不是摆谱、炫武，通过炫武来庆祝屠杀的结束。当然，他"收天下兵"，是有明显的防范心理的。秦始皇当时面临的个人、家族、政治的危机是深重的，还在统一六国之前，燕太子丹就派荆轲刺秦王，大秦帝国建立之后，他第三次巡游时，在博浪沙遭遇张良组织的恐怖袭击，有一次在咸阳微服私访时，也遭遇杀手。看来，危机四伏的确是事实。秦始皇还真有些英雄气概，不是个孬种。他在巡游途中刻石立碑，宣示追求"天下和平"的信念，应该说，他是真心的，他不是个好战分子。

一法度衡石丈尺。车同轨。书同文字。

对于治理帝国，这是非常了不起的大举措。由于大秦帝国疆域辽阔，当时推行起来是很困难的。在统一六国的过程中，秦国每消灭一个诸侯国，就把该诸侯国最有代表性的地标性建筑，在咸阳复制一套。真正集功用、审美、智慧于一体的，正是建筑，而守护、传承文明记忆最好的方式之一，也是建筑。

史迁屏蔽了个人好恶，注意到了这些事实，实录了大秦帝国初创秩序的全过程。秦始皇是个有大作为的苦命人。

秦始皇39岁当皇帝，49岁离世，十年之间有五次巡游，平均下来两年一次。巡游的地域，西到河西走廊，北到包头、北京，南到江浙（九嶷山，湖南的南部了），东到大海。他把统领的帝国东西南北逐一巡察，路途艰辛，自不待言！五百余年的战争刚刚结束，他紧张，不放心，是事实。

秦始皇的第一次巡游，是在公元前220年（秦始皇二十七年），也就是统一六国后的第二年。从首都咸阳出发，在渭河流域，经西转北再回到咸阳，主要是陇西、北地两郡，还有河套和河西走廊，目的是视察西北边防。

就是在这次巡游的过程中,秦始皇做出了重大的政治决断:对内刀枪入库,销毁——不能再打了;对外北击匈奴。为了对抗匈奴,他把帝国核心的军队派驻北边去修筑长城,总司令是蒙恬,蒙骜的孙子,蒙骜是统一六国的大将军。这次巡游是北击匈奴的实地考察,是政治性的游,不是玩,秦始皇此时是不敢玩的。

第二次巡游是公元前219年(秦始皇二十八年),这一次巡游区域是两个刚刚被灭掉的大诸侯国齐和楚。这是威胁帝国最甚、不死之心最盛的地域,后来灭秦的项羽、刘邦就是楚国人,项羽晚于刘邦入关,也是因为齐地战事艰难。秦始皇有清醒的战略头脑,他知道帝国最不安定的地域在哪里。

在这次巡游过程中,他到泰山举行了封禅大典,后来演绎出诸多故事。比如说,秦始皇一到泰山顶上就遭遇大雨,到树下躲雨。天都发怒了!这次巡游还刻碑了,记载了巡游的目的,也布置了入海求仙的事宜。他希望长久地活下去。

公元前218年(秦始皇二十九年),秦始皇第三次巡游。这次去了北边的燕、韩故地。秦统一六国首先就灭了韩国,本来不想灭但又不得不灭的是燕国。这里家仇国恨最重。就在这次巡游途中,发生了遇刺事件。后来给刘邦当了军师的张良,一直在招兵买马,收养武林高手,在博浪沙袭击秦始皇的车马,差点把秦始皇搞掉了,因为弄错了车辆,秦始皇才保住了性命。他第一次体验到了族群怨恨的现实威胁。

又过了三年,在秦始皇三十二年,秦始皇第四次巡游。这一次巡游周朝及燕、韩故地,就是现在的河南、河北,这是传统贵族没落得最厉害、礼崩乐坏最严重的地方。秦始皇废分封、建帝制,要超越周制。

就在这次巡游之后,发生了"焚书坑儒"事件。那时,南边四郡已经建立,北边击退匈奴,并赶至漠北,军事上取得辉煌成绩。秦始皇非常高兴,大宴群臣。就在这次宴会上,"歌德"派又挑起了封建制与官僚制的争论。我们要思考的,是"焚书坑儒"何以发生,又何以不可避免。秦始皇经过前几次巡游,对天下局势了解得很具体了。高压、紧张,会导致判断失误。开始是焚书,烧掉各国的史书,而保留秦国的史书——他的巡游都在消除各国记忆,灌输帝国的新记忆,而史书恰恰是记忆的最佳载体。那帮方士也把他激怒了——求仙问药的人交不了差,就四处散布谣言。秦始皇动了杀机,在他圈定的四百六十人里,大部分是方士,装神弄鬼的,只是后来儒生为了扩大意识形态,把这些人都算作儒生了。史迁把"焚书坑儒"事件写得很详细,他也恨暴君,但不会瞎编故事,他没有褒扬贬损,只是把事情的原委写清楚。

这段文本之后,史迁记载:

三十六年,荧惑守心。有坠星下东郡,至地为石,黔首或刻其石曰"始皇帝死而地分"。始皇闻之,遣御史逐问,莫服,尽取石旁居人诛之,因燔销其石。始皇不乐,使博士为仙真人诗,及行所游天下,传令乐人歌弦之。秋,使者从关东夜过华阴平舒道,有人持璧遮使者曰:"为吾遗滈池君。"因言曰:"今年祖龙死。"使者问其故,因忽不见,置其璧去。使者奉璧具以闻。始皇默然良久,曰:"山鬼固不过知一岁事也。"退言曰:"祖龙者,人之先也。"使御府视璧,乃二十八年行渡江所沈璧也。于是始皇卜之,卦得游徙吉。迁北河榆中三万家。拜爵一级。

这就是说,早就有一帮人在预谋了。第二次巡游的时候沉江的璧,一下去就被人捞了起来,还做旧刻字,秦始皇能不紧张吗?他内心被挤压得没有一点空间了,还自我宽慰:"山鬼固不过知一岁事也。"然后,这帮方士还占卜说,要逢凶化吉,就必须游徙,这就有了第五次巡游。其实,秦始皇的身体已经很不好了。

正是第五次巡游,让我们看到了秦始皇的抱负。他走遍大江南北,巡游楚、越、吴、齐、燕故地,足迹遍及整个帝国的疆域。可是,在沙丘平台附近,也就是过去赵王出行的离宫所在地，秦始皇再也走不动了，死了，年仅49周岁。

他一路巡游下来，无法放松。实在太紧张了。其实，由史迁写的《秦始皇本纪》可知，作为个体生命，秦始皇从来都是处于紧张、焦虑之中，没有快乐。给他个人宽缓、轻松的机会太少了，几乎没有。秦始皇不是神。

总之，秦始皇五次巡游的路线，值得人们仔细捉摸。

秦始皇巡游途中的刻石立碑，同样值得人们认真体察。歌功颂德自然少不了，而他是如何总结历史、判断现实、构想未来，把帝国纲纪凝聚为政治共识，落实为生活秩序的，碑文也有充分体现。尤其是第五次巡游的刻石立碑，内容和后来汉儒倡导的"三纲"，没有实质性的差异，就像是董仲舒在宣扬政治理想：

> 饰省宣义，有子而嫁，倍死不贞。防隔内外，禁止淫泆，男女洁诚。夫为寄豭，杀之无罪，男秉义程。妻为逃嫁，子不得母，咸化廉清。

史迁把秦始皇巡游天下和刻石立碑的情况详细实录，与汉武帝的作为相比照，后者至多不过是对前者的模仿而已。

综观五次巡游和刻石立碑，我们或许可以说：秦始皇虽不乏荒谬行径，但汉儒确是不折不扣的平庸之辈。批判荒谬，本意味着走向真理,可平庸的汉儒无能触及秦始皇的荒谬,其"过秦"或"颂今",均属无痛的记忆与无聊的表白。所以,史迁没有给汉儒独立列传,连献上"天人三策"的董仲舒,也只在《儒林列传》里写了几段,而且颇有些滑稽的意味,比如说:

> (董仲舒)以春秋灾异之变推阴阳所以错行,故求雨闭诸阳,纵诸阴,其止雨反是。行之一国,未尝不得所欲。中废为中大夫,居舍,著灾异之记。是时辽东高庙灾,主父偃疾之,取其书奏之天子。天子召诸生示其书,有刺讥。董仲舒弟子吕步舒不知其师书,以为下愚。于是下董仲舒吏,当死,诏赦之。于是董仲舒竟不敢复言灾异。

这位当朝大立法者,的确很有学问,但如果没有风骨,学问也只是一堆肉,新鲜不了几天,腐烂后充其量可入地养花罢了。可史迁深知,有些花是有毒的。

秦始皇第五次巡游的刻石立碑,很像汉儒的宣言,意在反观儒法之争的皮影戏。董仲舒阐扬的"三纲",最先提出的,恰恰是儒生要批判的法家。从史迁实录的碑文可知,秦始皇非常了解天下的局势,前几次刻碑,谈的是六国历史与"天下和平"的关系，最后一次涉及社会日常生活秩序。秦始皇在逐步吸纳庶民百姓的道德愿望。"焚书坑儒"之后，秦始皇也开始反省了。公子扶苏当时就公开反对"焚书坑儒"，秦始皇并没有杀扶苏。他未必不知道，黔首的记忆是难以消灭的，而吸纳传统，比通过暴力消灭记忆，或许更为高明。

秦始皇的五次巡游，我们归纳一下，有这么几点政治性意义：

其一，是政治调度。政治调度可分为三个方面。一是场面调度。当时的确需要通过很多方式，以震慑、收拢人心，而秦始皇的巡游是非常壮观的，让人惊悚。张良本来要刺杀他，如果只有几辆车，是很容易成功的，结果搞错车了，这说明队伍非常庞大，浩浩荡荡，有时多达几万人。场面调度，必要而且收效甚好。二是社会调度。统一前的秦国，地处偏远，与中原交往不易，现在需要通过一次次的巡游，调度全天下，让秦真正深入人心；而后统一度量衡，车同轨，书同文，这一切治理帝国的措施，才可能取得明显的效果。三是心理调度。秦始皇的巡游，威严有之，却也导致了紧张、压抑的社会心理。当然，也有另一种心理效能，比如，项羽看到巡游的场面后，竟然说"彼可取而代也"！刘邦去咸阳出差，见此场面，竟然有了自己的"理想"，即"大丈夫当如是"。这些心理效能，可不是秦始皇希望调度起来的。

其二，是清除历史记忆的强烈愿望的表达。旨在替代分封制的帝国政制，却因皇权的集中与巩固，而延续并强化了战争机制，致使泛军事化的制度品质长久固化。

其三，是企图通过刻石立碑重建记忆。尽管秦"二世而亡"，但在消除和重建记忆方面，秦始皇却做得相当成功。汉儒实际上成了刻石立碑技艺的最好传人，法家隐身了。

（九）

《秦始皇本纪》引发了如下四点历史哲学思考：

第一，权力需要自我定位、自我辩解、自我宣教、自我保护、自我神化。秦始皇所做的一切，为他的权力做了清晰的自我定位。正是定位的清晰，导致了过去的清晰，导致了未来的忧思，也导致了争议不断。秦始皇为此要不断地自我辩解，刻石立碑，既否定过去，又怀想未来，期盼未来是对现在的延续。他巡游天下而刻石立碑，也是出于自我宣教的需要，当然也是自我保护和自我神化的举措——就连求仙问药、骊山皇陵的修筑，也都是权力的自我神化。问题的关键在于如何对待历史记忆，这需要非常大的政治智慧。秦始皇的寿命太短，他的出身和经历，也使得他确实太过紧张而压抑，心理狭隘甚至变态。"焚书坑儒"虽属无奈，但其手段不可宽恕。他对待历史记忆太过暴力、血腥了。

第二，秦始皇建立的皇权与之前的王权相比，不同点在于：皇权是自我张扬的，一点都不需要自我掩饰，而王权则注重仪式，自我掩饰性较强；皇权总是自我夸耀、自我神化，而王权总透着道德的华彩。正因为如此，皇权成为人们恐怖心理的根源。臣民既恋权又畏权，迷恋是因为畏惧，畏惧又加强了迷恋。这样的心理调度起来以后，权力自身也终究陷入恐怖之中——皇权最终也需要自我掩饰。当权力不再自我掩饰，恋权的心理不再处于潜伏状态，恐怖主义的独裁政治也就不可避免了。秦始皇没少遭遇恐怖活动，疑虑、恐惧心理越来越重，竟然想把阿房宫连接起来，企图隐身了。有一次他看到丞相李斯的车马队伍也很排场，显露了一下不高兴的脸色，身边的人告诉李斯，李斯就减少了车马。秦始皇意识到了，就把当时在场的人全都杀掉。这是任何专制政治都逃不掉的宿命。

第三，如何平衡权力与欲望，是任何集权政治都必须考虑的大问题，秦始皇在这方面做得既成功也失败。集权既要公开推行、落实，又要安抚个人欲望，已经没有道德可言了，皇权与臣僚之间不过是一种利益交换关系罢了。这一点，《秦始皇本纪》体现得很充分，比如李斯的利益追逐，既让秦国成功，也让秦国很快灭亡，他的《谏逐客令》将彼此间的利害关系说得很透彻。当所有人都被纳入权力-利益关系网中时，谁也不能说自己仅仅是受害者。每个人都是参与者，也都是受害者，包括秦始皇本人在内。如果说专制政治是被利欲奴役的政治，那么秦始皇，不仅被李斯、赵高奴役，更被权力奴役，被自己奴役，他因此也是恐惧意识最强烈的人。他做生意的对手和敌人太多了，他的权力欲太大了，他做不了自己的主人，最终也做不了别人的主人。所有人都陷入权力与利欲的战争之中，不能自拔。

第四，已经变成利益交换场域且不作任何掩饰的集权政治，必定产生高压的社会心理氛围。它需要检举与告密，但又害怕检举与告密，处处自我设防，激流暗涌，终因防不胜防，而自我毁灭。从这个角度来看秦统一天下而又"二世而亡"的历史，其势所必然，可谓昭昭矣！

秦始皇来不及成为事后诸葛了。在沙丘平台奄奄一息之际，不知他是否闪现过一个念头：战火催生的大秦帝国，很快又要笼罩于刀光剑影之中了？

第五讲　侠客与历史正义

各位学友好！施院长邀请我来成都明伦书院，跟大家交流一下我阅读《史记》的心得。《史记》是一部伟大的东方史诗，内容十分丰富，写了差不多三千年的历史，可谓浩瀚。在这两天时间里，我主要想给大家讲一下侠义问题。施院长在做课程大纲时，确定题目为"《史记》与中国正义"，这个题目好，我完全同意。

（一）

我想先简单讲一下史迁其人、《史记》其书。

史迁和《史记》是二而一、一而二的，浑然一体，犹如一棵参天大树，根和茎是一体的，是一个生命体。所以，要搞懂史迁就必须搞懂《史记》，要搞懂《史记》就必须搞懂史迁。司马迁是大史家，也是大文豪。据文献记载，史迁是西汉辞赋大家，但留下来的作品很少，最著名的是《悲士不遇赋》，他留给后世的主要作品就是《史记》。

在现代大学教育体制诞生以前，无论是东方，还是西方，文史哲都是不分的。古哲先贤们十分关注个体生命，以及个体生命对于所在种族的意义、价值问题——具体地说，是个体生命的心灵秩序问题、精神信仰问题、生活信念问题，是关涉人生实践的大智慧问题。而现代人常将人文关怀的实践智慧视为一个客观知识问题，与个体生命本身显得相当隔膜。比如，哲学涉及人的"三观"——人生观、世界观、宇宙观，在现代教育的哲学系科中，几乎都被抽象为可以背诵的知识。个性差异难以见到了。现代人差不多成了异乡人，生活在一个陌生化的世界，对生命世界淡漠甚至麻木，引发了很多社会问题。作为知识，而不是智慧，人文主义、人道主义等各种主义，多少显得有些尴尬——生命感被疏远了，被遮蔽了。说得极端一点，现代人不过是某种科学技术言说和规制的对象，被科学技术言说和商业话语所消费，行尸走肉般地活着，因此时常感觉疲惫不堪、庸常无聊。生命本是有血有肉、有筋有骨的。在前现代，文史哲本来是不分的，柏拉图、孔子这些人既是哲人，也是诗人，史学涵养深厚，创作的文本犹如生命迷宫，深邃而鲜活。他们不是空心人。

《史记》正是史迁生命的化身，也可以说，作品中数千人物乃是史迁精神世界的路标。譬如项羽，有史迁的项羽，也有《汉书》中班固的项羽。史迁不同于班固，他们塑造的生命形象不可能完全一样。郑樵《通志·总序》有言：

> 夫学术超诣，本乎心识。如人入海，一入一深。

他比较史迁与班固：

> 迁之于固，如龙之于猪。

如此评说是否公允姑且不论，但史迁有异于班固则是事实。如果我们把史家的记叙仅仅视为客观知识，那么我们就很可能与一座又一座的生命雕塑擦身而过，很可能隔膜于历史的真实、生命的真谛，我们也无从对史家和史书做出有意义的评判。所谓"历史是智慧的活水源头"就将沦为空洞的漂亮说辞，历史的正义问题也就无从说起了。

史迁留给后世的人生自述有两个重要文献，一是《太史公自序》，一是《报任安书》。在这两篇文献中，史迁对他父亲和他自己的生卒年这些所谓客观知识，很不在意，说得含含糊糊。他要传达的一个主要意思是：人生得有意义，而我们父子俩的意义就在《太史公书》。这提示我们，史迁与《史记》两者是不能分开的，将其变成两堆无关痛痒的知识加以言说，就必定不得其门而入。

史迁因李陵事件遭遇宫刑，出狱后不再是太史令，而是中书令，即汉武帝身边的一个秘书。史迁受刑前后变化肯定很大。作为朋友的任安给史迁写了一封信，劝他从"为李陵说项"的阴影里走出来，不仅要坚强地活着，还要放下个人的痛楚与恩怨，怀揣家国情怀，敢于担当天下之责，把心思用在为国家推荐人才上。任安的信早已丢失，我们是根据史迁的回信推想任安来信的大致内容的。史迁收到朋友信并没有立即回复，《报任安书》是在任安因牵涉太子巫蛊事件即将被处以极刑的时候写的。史迁在信里说，自己天资一般，没多少才华，能集中精力做成一件事，就此生足矣；而之所以扛着奇耻大辱活着，就是为了完成这一件事：撰著《太史公书》。

史迁为《史记》而生，而死。《史记》的完成，就等同于生命意义的实现。

史迁告诉任安，虽然自己被阉割了，但"变性手术"对施暴者而言，肯定是失败的——为了自己的《太史公书》，不仅不可以颓废，反倒要比过去任何时候都更加阳刚。

在信中，史迁写下了那句千古名言：

> 人固有一死，死有重于泰山，或轻于鸿毛，用之所趋异也。

生命的意义和尊严源于生命意志的自我决断。史迁通过《史记》成就自己的人生，他要成就的是英雄的伟岸人格。

史迁以《史记》哺育并展示出的英雄观，与现代哲人尼采的英雄观遥相呼应。尼采不以对当下社会影响的大小来评判英雄，他认为这是对英雄的无视。当然，这并不意味着英雄没有影响，英雄的影响不随时间的流逝而消减，像一首首古老而苍劲的精神之歌，长久地回荡于生命世界。那些对当下社会产生重大影响的，可能是假英雄，禽兽不如的家伙都可能把自己打扮成英雄，或者被吹捧为英雄。史迁可谓慧眼识英雄。

史迁本人就是大英雄，他直面惨淡的人生，直面人性的深渊，书写历史与现实的真相。

郑樵在《通志·总序》中如是说：

> 迨汉建元元封之后，司马氏父子出焉。司马氏世司典籍，工于制作，故能上稽仲尼之意，会诗书

左传国语世本战国策楚汉春秋之言，通黄帝尧舜至于秦汉之世，勒成一书，分为五体：本纪，纪年，世家，传，代表以正历书，以类事传，以着人，使百代而下，史官不能易其法，学者不能舍其书。六经之后，惟有此作。故谓，周公五百岁而有孔子，孔子五百岁而在斯乎，是其所以自待者，已不浅。

史迁，史家中千古一人；《史记》，史书中千古一书——鲁迅先生总结得好，"史家之绝唱，无韵之离骚"。

史迁的生命结局，史料无一字提及。千古沉默。

史迁在遭受宫刑之后，忍辱负重，以博大的胸怀和气魄写完了《史记》。他珍视自己的作品，如同珍视自己的生命。他把自己的生命熔铸在作品之中了。

《报任安书》中说：

仆窃不逊，近自托于无能之辞，网罗天下放失旧闻，略考其行事，综其终始，稽其成败兴坏之纪，上计轩辕，下至于兹，为十表，本纪十二，书八章，世家三十，列传七十，凡百三十篇。亦欲以究天人之际，通古今之变，成一家之言。草创未就，会遭此祸，惜其不成，是以就极刑而无愠色。仆诚以著此书，藏之名山，传之其人，通邑大都，则仆偿前辱之责，虽万被戮，岂有悔哉！然此可为智者道，难为俗人言也！

自己的作品"藏之名山"，自己的生命也交托于名山。

我笃信，史迁是自杀的。时间就在朋友任安被处以极刑的那一天，地点就在华山之巅。这位英雄最终把生命终结于名山，他从万仞华山之巅纵身一跃，融入深邃历史的如洗碧空。

《史记》这部宏大史诗就是这个英雄生命的见证。

史家对个体生命的凝视、凝想、凝思，必定涉及对文明秩序的整体评判。这就是史迁灌注于《史记》中的历史正义精神。《史记》中侠客的正义，简称侠义，是史迁历史正义观最集中的体现。

(二)

我们从项羽说起。

项羽是一个大英雄，像史迁一样的大英雄。以个体生命品质而论，项羽是个侠客。在史迁的笔下，项羽成了春秋以来侠客传统的最高象征。项羽天生是侠客，绝不是政客。史迁偏偏把项羽放在了绝对政治性的本纪当中，假如放在列传里，是凸显不了他的意义的。这就涉及中国历史的正义问题了。

班固对此是不能理解的，他在《汉书》中，引用班彪批评史迁的话："其是非颇谬于圣人。"他还不无遗憾地评说史迁：

> 呜呼！以迁之博物洽闻，而不能以知自全，既陷极刑，幽而发愤，书亦信矣。迹其所以自伤悼，《小雅》巷伯之伦。夫唯《大雅》"既明且哲，能保其身"，难矣哉！

本纪自有遴选标准。史迁是确立标准的人，班固已难领会其精神，后世史家诟病史迁就更难免了。在凝视、凝想、凝思项羽这个个体生命时，史迁从来没有含糊过。《汉书》把项羽放在列传里，且与陈涉合传，令其地位大跌。班固的"正义"，史迁必定睥睨之，班固不在史迁期待的"后世圣人君子"之列。

正如《报任安书》中所说，史迁是为知己而著述，而"梳妆打扮"。这表明，史迁对自己作品的未来命运早有预判。一直有人质疑这部史书是否信史。史迁一而再再而三地表白，寄希望于后世。尽管自己字字珍重，可作品一经完成交付给世界，这个世界是否相信，就不是自己说了算的了。"相信"

不是个抽象概念，一定要具体到一个一个或一类一类的人，比如，政客相信吗？文人学者相信吗？他们的不信恰恰构成他们的问题源。人们不相信，史迁再信誓旦旦也没用。这些人都有自己的立场与判断，不能说故意和史迁唱反调。因为立场与判断不同，信史与否必定成为问题。

回到《史记》的十二本纪，有人说史迁有个大一统的思想，所有本纪都要追溯到五帝那里，追溯到炎黄子孙的根儿上去。而项羽没有尺寸之地（尽管受封为鲁公，也自封为西楚霸王），也不在帝王家谱之中，要进本纪，史迁就只好"老和尚给小和尚讲故事"，讲了一个生物学、遗传学上的故事，再辅以推翻暴秦这个事实上的功绩。史迁对此很无奈，他的本意绝不是要给项羽编制一个帝王家谱。

有人甚至认为，史迁把项羽放在《高祖本纪》之前，是为了泄私愤，把刘家天下的开创者写成了流氓，却把项羽这个浑小子写得有情有义——最后自杀时都那么洒脱，把自己的人头割下来，送给叛变的旧将吕马童当人情。

事情的真相是这样的吗？我负责任地说：不是！

史迁缺少负责任的信使，也缺少知己来拆信。真正能走进《史记》，能够和史迁灵魂碰撞的人，实在是太少了。史迁"难为俗人言"的预判是明智的，他不是顾影自怜。

《项羽本纪》篇末的"太史公曰"讲了一个周生的传说：

舜是重瞳子，又听人说项羽也是重瞳子。那么，难道项羽是舜的后裔吗？史迁不是在编制家谱，他的意思不过是：英雄乃自然生成，不是教育驯化的结果。

我们一再讲，史迁和《史记》是浑然一体，不能分开的。史迁生活的当朝倡导的主流思想是什么呢？是"罢黜百家，独尊儒术"的儒术。也就是说，从春秋战国到汉初的七十年，一直被认为是说大话、说空话的儒家正式走上了政治舞台，"栖栖遑遑若丧家之狗"的孔子似乎有了安顿处。史迁崇敬孔子，可他并不以此告慰孔子。事情倒是变得令史迁忧心忡忡了。

《史记》其实是一部当代史，先秦的历史可以视为当朝史的序言，是为了追溯当朝何以如此的原因，也是为了确立反思当朝的标准。这就是我们所谓的历史正义。这其中就包含了对终于成为主角的儒家的反思。班固把历史搞成了断代史，历史正义隐退了，难怪郑樵愤激地说："迁之于固，如龙之于猪。"

史迁把《五帝本纪》里的舜拿来和项羽对比，好像毫无关联，就是"老和尚给小和尚讲故事"，不是政治哲学、正义哲学，而是自然传说；不是项羽有什么主张、品性和舜类似，而是两人都是重瞳子。这看起来没什么意思，其实是大有深意的，他旨在反思开始登台做主角的当朝儒学。

舜是孔孟以来，尤其是孟子以来，儒生一直重点阐释和发掘的对象。而史迁笔下的舜和项羽一样，作为人之子，出身并不高贵，没有家风家道的熏陶，没有儒家歌颂的那些德行，可的确有能力，有智慧，而且善良，有情有义，天生的英雄好汉。史迁把这两个人放在一起，就是要告诉我们：自然才是正义的关键。如果说与教育、伦常有关系，那么自然正义恰恰是一切美德教育的源泉。问题在于，怎样的政治秩序、伦理秩序才有助于自然生命力的涵养。

《淮阴侯列传》记载，刘邦问从项羽军中叛逃而来的韩信如何看待项羽，韩信说：

> 然臣尝事之，请言项王之为人也。项王喑噁叱咤，千人皆废，然不能任属贤将，此特匹夫之勇耳。项王见人恭敬慈爱，言语呕呕，人有疾病，涕泣分食饮，至使人有功当封爵者，印刓敝，忍不能予，此所谓妇人之仁也。

不管怎么说，这个"妇人之仁"也是天生的，不是培养出来的。韩信至少传递了一个信息：项羽这个人有着自然正义的天赋。

《项羽本纪》中写道：

> 秦始皇帝游会稽，渡浙江，梁与籍俱观。籍曰："彼可取而代也。"梁掩其口，曰："毋妄言，族矣！"梁以此奇籍。

类似的话，在那个时代，还有两个人说过。《陈涉世家》中有言：

> 陈涉少时，尝与人佣耕，辍耕之垄上，怅恨久之，曰："苟富贵，无相忘。"庸者笑而应曰："若为庸耕，何富贵也？"陈涉太息曰："嗟乎，燕雀安知鸿鹄之志哉！"

《高祖本纪》中记载：

> 高祖常繇咸阳，纵观，观秦皇帝，喟然太息曰："嗟乎，大丈夫当如此也！"

陈涉想的是富贵，个人欲望的满足；刘邦想的是权势，个人威风凛凛；项羽想的是复仇，凭靠一种自然生命的勇气，表达了对富贵、权势的极端蔑视。

项羽的品比陈涉、刘邦要高出许多！问题还在于，项羽的品是自然的，陈涉、刘邦的品是习传的。一个帝王，高高在上者，最害怕的就是天然的强者。教育出来的"强者"一点不用怕，因为教育的宗旨是自己设定的，受教育者越是"成功"，越表明他被驯化得好。

史迁把项羽和舜联系起来，没有说别的，说的恰恰是重瞳子这种自然特性。他要提醒我们的是：如果将自然生命的强力转化为政治语境中的权谋、计算，结果将会如何？

很糟糕！但这确乎是人类文明的基本走向。

在史迁的笔下，刘邦同样具有自然生命的强力，却转化为政治社会中的权术：编织神话，许诺功名，出尔反尔，兔死狗烹，卸磨杀驴……项羽的"暴虐"，刘邦的"功德"，前者失败，后者成功。史迁的实录或许透露了文明进程的走向：从阳刚走向阴柔。

《项羽本纪》和《刺客列传》是浑然一体的。

人们通常视项羽为战神，其实，韩信更像战神。就品质而言，项羽是个刺客。说到刺客，切忌联想到现代话语中的暴恐分子。在春秋时代，刺客是一种职业，其真实含义是侠客。在《史记》中，侠客分两种，一是刺客，一是游侠，史迁为之分别写了《刺客列传》和《游侠列传》。

我们想象一下，如果史迁不把项羽写入本纪，而是把他作为普通侠客对待，写入列传之中，且不单独列传，而是归入合传或类传里,那么一定会是《刺客列传》。《刺客列传》写了五位侠士,说是类传可以,其实更接近于合传。如果把项羽纳入这个合传,史迁的笔法是不会改变的,会如是写道:"荆轲之后二十年,楚国有项籍推翻暴秦。"多么浑然一体,直把刺客的精神气象烘托到极致,项羽成为刺客群体中的最高峰。

荆轲刺秦,临行前在易水边歌曰:

> 风萧萧兮易水寒,
> 壮士一去兮不复还!

在四面楚歌声中,项羽亦悲歌:

> 力拔山兮气盖世,
> 时不利兮骓不逝。
> 骓不逝兮可奈何,
> 虞兮虞兮奈若何!

刺客的生命何等阳刚!意境何等高妙!

史迁的高明就在于,他大气魄地把项羽这座高峰移入本纪,让项羽托起令人惊心动魄、令历史顿生颜色的阳刚的生命群。

(三)

没人不说《刺客列传》写得精彩。史迁的史笔与文笔融合一体,《刺客列传》是最好的例证。

有人说,《刺客列传》是中国小说史的发端。史迁把主要篇幅留给了荆轲,如果把项羽写入本篇,项羽肯定会占据中心位置。《项羽本纪》同样写得文采飞扬。从文学基本要素来看,荆轲和项羽都写得完整而大气,荡气回肠。

但仅从文学角度来说《刺客列传》的精彩,又有点对不起史迁。史迁文笔本来就不赖,文学才华极高,《史记》可谓篇篇精彩。为着我们的阅读快感,把《刺客列传》当文学作品来读,当然更带劲,然而,史迁很可能说你没读懂,不是他所期待的知己。

《刺客列传》这么精彩的一篇,然而所写的五位刺客,在中华文明史上其实很边缘。这些人不是大政治家、大军事家、大商人,对政治共同体而言,他们都没有什么丰功伟绩。在《汉书》中,这些人的位置就大大降低了,乃至于在后来的正史中销声匿迹了。班固就引班彪之语,批评史迁"序游侠则退处士而进奸雄"。史迁肯定是非常赞赏这些刺客的,写得很动情，可谓情透纸背，但绝非只是文笔好。

一个史家，把这么一群"非成功人士"写得如此精彩，道理何在？有人曾问我，荆轲是不是流氓？他四处流窜，不务正业，答应太子丹去干那件影响天下局势的大事后，一下子住到最高档的五星级宾馆里，吃住非常好，还有美女陪着，这小子不像孔子那样是个圣人君子呀！但史迁却把他写得这么精彩！其实，他的文笔可以把任何人都写得很精彩。刘邦、孔子写得也很精彩，但是没有荆轲这么精彩，他好像把所有文学天赋都倾注到这个人身上了，你说怪不怪？！

又有人讲了，之所以这么精彩，是因为史迁的遭遇，而且他是"以不死而殉道"（木心语），他感同身受，写的是他的同类。换句话说，史迁也有刺客的气质，写自己的同类，自然会写得畅达而痛快。但细想想，也不一定如此，我们写自我鉴定时，就时常遮遮掩掩，有意隐藏一些真相，不敢写得精彩。自我鉴定通常难以感人。鲁迅先生当年评刘伶的《酒德颂》，说他写自己太精彩了，只是刚一开头就煞了尾。

史迁写《史记》，不是说"难为俗人道"吗？不是要"俟后世圣人君子"吗？那就肯定不只是展示文学才华。司马相如，文笔比史迁可能还精彩，汉赋几大家，排在第一的可能就是司马相如，但后世也只是讲一讲他的赋，就算有他和卓文君的爱情故事，也不怎么好玩。全没挠到痒处。

我们前面讲了，可以移入《刺客列传》的项羽，史迁却把他提拔到本纪里，使其托起《刺客列传》，成为基石。这里预先声明，不被人们特别看重的《扁鹊仓公列传》，在我看来，也可以纳入《刺客列传》，放在荆轲之前。

那么，《刺客列传》究竟精彩在哪里呢？

《史记》作为当代史，史迁要反思他的当朝。他的当朝有一件大事——汉匈之战。汉匈之战是对刘邦平城之围以来积蓄了七十多年的汉匈仇恨的最后了结。史迁要追寻当朝倾全力解决汉匈问题的根源。汉匈之战其实也是大秦与匈奴之仇的继续。汉匈之战不是从汉朝才开始的，秦始皇建立帝国以后就把精锐部队放到北边，让蒙恬把之前的长城连接起来，构成坚固的防线以对抗匈奴。匈奴也有发展壮大的过程，到大秦时，匈奴也非常厉害了。从那时开始，汉匈对抗的解决就成了帝国核心政治使命之一。汉初采行和亲政策，同时也在积蓄更深的仇恨，私家仇怨也卷进来了。汉武帝决意最终解决这个问题。这是史迁当朝对外的大问题。

汉武帝对内也有一个问题要解决，可以称之为心灵秩序的问题，即汉民族精神走向的问题。他采纳了董仲舒"罢黜百家，独尊儒术"的策论。这同样是对大秦帝国面临的一个严重问题的了结。把秦始皇永久钉上耻辱柱的，就是后世称之为"焚书坑儒"的事件。史迁写的是"焚书坑术士"。秦始皇为什么要这么做?公子扶苏看得很清楚,这涉及几千年的文化记忆问题。作家卡夫卡和博尔赫斯,显然持着相同的意见:修筑防范人们心灵记忆的长城是不可能成功的。那么,汉武帝"罢黜百家,独尊儒术"又能如何呢?这也是史迁要思考的大问题。

作为一个史家,史迁对当朝内外两件大事都进行了批判性的反思。这当然需要侠客精神。甚至可以说,史迁就是一个侠客。要完成如此了不起的大事,个人恩怨就必须超越,这需要的是胸怀,需要的是高度理智,需要的是历史大气魄。

《刺客列传》的精彩就在于,史家以高蹈的胸怀,冷峻的理智,写出了历史的大气魄。史迁以几个刺客的人生,映出壮阔的历史行程。《刺客列传》以一滴水,映出整个沧海。

历史的节点非常重要。项羽推翻暴秦,史迁把他写入本纪里。《刺客列传》中最后一个刺客荆轲行刺秦王时,项羽才几岁;六年后大秦帝国建立,秦王成了始皇帝,青年项羽见到巡游途中的始皇帝说:"彼可取而代也!"这等气魄刚刚接上荆轲,他超额完成了荆轲的未竟事业:不是刺杀秦王,而是推翻暴秦。

《刺客列传》以其包容之大、跨度之大,其他列传远不能比。它跨度有五百年,纵贯整个春秋战国时代。那是史家称之为"礼崩乐坏"的东周列国时期,是礼乐文明向帝国文明转型的大时代。

第一个刺客叫曹沫。这是有争议的,曹沫能算刺客吗?争议源于没能领会史迁的历史大气魄,没搞清楚什么叫刺客。曹沫何许人也?鲁人也,鲁庄公时代的人。鲁庄公何许人也?他和孔子编修的鲁国史《春秋》有关,《春秋》写了鲁国十二公(国君),所以又叫《十二公经》。孔子从东周开始编修鲁国的历史。鲁国是周公的封国,等级比其他诸侯国要高,因此成为礼乐文明重要的资料库。孔子虽然编修的是鲁国的历史,但反思的却是西周以来的礼乐文明。《春秋》记载历史242年,十二公是:鲁隐公、鲁桓公、鲁庄公、鲁闵公、鲁僖公、鲁文公、鲁宣公、鲁成公、鲁襄公、鲁昭公、鲁定公、鲁哀公。孔子生于鲁襄公时代,死于鲁哀公在位期间(公元前494—公元前468年)。鲁隐公在位11年(公元前722—公元前712年),在周平王东迁洛邑(公元前770年)之后。曹沫是鲁庄公的臣子,鲁庄公在位32年(公元前693—公元前662年)。也就是说,《刺客列传》开篇第一个人曹沫代表的是"礼崩乐坏"开始的阶段。鲁国从鲁桓公在位期间就开始大乱,到孔子的时代早已形成"三桓"势力,孔子企图改变之而"强公室",未能成功。

第二个刺客。"其后百六十有七年而吴有专诸之事",这对应的正好是孔子的时代。专诸大显身手的时候,正值孔子三十而立;孔子决意恢复西周礼乐文明秩序,正在专诸的故事发生的时候。

第三个刺客。"其后七十余年而晋有豫让之事",这正是春秋结束,战国开始之际,大致在公元前460年,也就是孔子恢复礼乐秩序的希望彻底破灭的时候。孔子生于公元前551年,于公元前479年去世。孔子临终时,很哀默、孤独,"莫之宗予",还说泰山将崩,梁柱将摧,哲人将萎,战国将要开始了。史迁是接着《春秋》而续写战国历史的。孔子去世前两年,"西狩获麟"而绝笔《春秋》——完全绝望了。孔子去世后,鲁哀公还为他致了悼词。鲁哀公在位是公元前494年到公元前468年,豫让的故事大致发生在公元前460年,也就是孔子完全绝望之后不久。

第四个刺客。"其后四十余年而轵有聂政之事。"战国的开始,司马光认为是公元前403年,这一年"三家分晋",晋国完蛋了,周天子窝囊得不行,还认了。聂政的故事正是发生在这个时候。这之后不久,战国诸子纷纷亮相,孟子表达了最纯粹的理想主义,而商鞅则是绝对的现实主义,法家在战国舞台上声名鹊起。

第五个刺客。"其后二百二十余年秦有荆轲之事",这已经接近战国尾声了,齐国最后在公元前221年被灭。荆轲的故事正好发生在秦灭六国收官之时,他直接面对着秦国的总司令秦王嬴政。

《刺客列传》正好反映了从春秋开始到战国结束，礼乐文明秩序被帝国文明秩序替代的大转型的历史行程。

历史的震颤仍在继续。荆轲的事没成，如果继续往后写，那就是："其后二十年，楚有项藉之事。"项羽把秦帝国推翻了。

但真的推翻了吗？没有。秦始皇开创的帝国仍然存续。又过了七八十年，就到了史迁的时代了。如果《刺客列传》再续写，那就是："其后八十年，韩城（少梁）有司马迁之事。"这个"刺客"，不是用刀枪剑戟，而是用一支笔对整个文明做了清算。史迁真的是最后一个"刺客"。

这么梳理下来，《刺客列传》好不好？太好了！刺客们干的事不一样，但品质是一样的。

不仅如此，《刺客列传》把春秋战国的诸多重要人物都带出来了。

第一个故事带出了春秋五霸。第一个称霸的是齐桓公。何以称霸？因为管仲相桓公。管仲又是谁？《论语》里，孔子赞扬过的人不多，其中就有管仲：

> 管仲相桓公，霸诸侯，一匡天下，民到于今受其赐。微管仲，吾其被发左衽矣。岂若匹夫匹妇之为谅也，自经于沟渎而莫之知也。

但孔子也批评过他，说他不讲礼节，还很奢侈。这个批评意味悠长。

第二个故事带出了吴越之争。春秋五霸中，有越王称霸。而吴王阖闾的上位，就是刺客帮他完成的，但上位后有些问题没解决好，最后败给了越王勾践，令伍子胥心痛欲裂。吴越之争意味着什么？《史记》中第一篇世家叫《吴太伯世家》。文王祖上苦心经营之时，按照制度应该继位的人是吴太伯，但为了政治谋略能够实现，吴太伯这个老大自我流放了，从宝鸡去到江浙之地——那个时候这可是野人之地。吴太伯有侠的气质。

另外三个故事同样带出了春秋战国时代一系列的重大历史事件和重要历史人物。史家不会空发议论，记述这些具体的历史事件和人物，使鲜活的生命感跃然纸上，这比任何抽象议论都实在。

第五位刺客荆轲，刺杀的是秦王。此时，整个先秦史已经浓缩为两个人的较量，即秦始皇与孔子的较量，史称"儒法之争"。

孔子在本传中似乎是隐身的，这其实是《刺客列传》的暗笔。

《刺客列传》的确博大深邃，精彩绝伦，引领我们穿越春秋战国的浩瀚时空。

这就提醒我们深思:《刺客列传》真的仅仅是写了几个刺客吗?史迁究竟在写什么?

绝不仅仅是几个刺客的事情!史迁是在写士,写士的精神品质。他有着深沉的价值忧虑:道义在春秋战国时代面临严重挑战,甚至面临毁灭!

就个人而论,这其实与如何对待成败得失有关,与如何对待功名利禄有关。而史迁追问的是历史正义,这在根本上触及了制度秩序的安排。《刺客列传》中的士,正处于礼崩乐坏的背景之下。那时政治失序,社会失序,生活世界动荡不宁,无人不面临严峻挑战,选择怎样的人生道路,真的是个难题。

所谓"礼崩乐坏",指的是周公"制礼作乐"建构起来的,从天子到诸侯到大夫到士到庶民的宗法等级秩序,分崩离析了。流离失所的士最为尴尬:进无望,退不甘。孔子倡导的士的使命是担道:

> 人能弘道,非道弘人。
> 下学而上达。
> 朝闻道,夕死可矣。

他因此而成了华夏民族的心灵立法者。但现实生活中的孔子

"栖栖遑遑若丧家之狗",临终时很绝望:"天下无道久矣,莫能宗予。"在史迁笔下,孔子是一个高贵的孤独者,一个流浪的君子。

子曰:

甚矣吾衰也!久矣吾不复梦见周公!

史迁深入到孔子梦的核心地带,彻悟到了:精神生命的死亡道路实际上是漫长的。他记叙五百年里士的命运,目的在于发掘这个群体中值得保留、纪念和发扬的生命品质。

战国时代的士,要么成为游学之士,要么成为政治谋士,孟子称之为"处士横议"。庄子算是超然的了,摆脱了功利诱惑;扁鹊也是个游士,一个纯粹的科学家,结果被谋害了。但绝大多数游学之士,"游"的方向还是政治、功利,希望卖个好价钱,商鞅就很典型。孟子的"处士横议"更多地是批判政治谋士。

《刺客列传》写的同样是士,但刺客们既不同于游学之士,也不同于政治谋士。刺客是没有任何政治出路的,但史迁把他们看得很高。到了史迁的当朝,游侠竟然成了政治的死敌。而在史迁看来,刺客恰恰体现了士最为纯正的精神品质,这是精神生命得以重生的关键。

在《报任安书》里，史迁向朋友倾诉"士为知己用，女为说己容"的沉痛关怀。这句话在《刺客列传》里多次出现，展示了刺客生命的醇厚神韵。史迁之所以如此倾情于刺客，是因为只有他们存在才表明政治环境宽和，才表明游学之士和政治谋士有可能出现。刺客代表了士最基础的品质：才华、谋略、勇气、信守诺言、深明大义。而且，"士为知己者死"，死是个体生命的自由选择和意义安顿，超越功利，发自内心。史迁眼睁睁看着这种生命品质在当朝走向消亡，在《游侠列传》里表达了深深的哀悼与感愤之情。

（四）

我们来看看《刺客列传》具体讲了什么。

第一个刺客曹沫。只有《史记》讲了曹沫这个人，流传下来的其他文献都没有记载，于是有人就提出了质疑：曹沫是否真有其人？我想，史迁作为史家，对资料的掌握肯定是比较全面的，他不可能也没有必要臆造出一个叫曹沫的人。

我们来看这个侠客的人生：

> 曹沫者，鲁人也，以勇力事鲁庄公。庄公好力。
> 曹沫为鲁将，与齐战，三败北。鲁庄公惧，乃献遂

邑之地以和。犹复以为将。

庄公和曹沫有一个共同点，这使他们君臣长期互信友好。这种互信友好的基础既不是道德原则，也不是政治共识，而是庄公和曹沫都好勇好斗，惯于展示自己天生的强力。可老打败仗也是不行的，曹沫作为一个侠客，肯定是要行动的，促使行动的心理动机是报仇：自己和齐国打了败仗，凝结为一种仇怨。不是为了满足个人的生存欲望，而是为国复仇，其中又有人性的原因。鲁庄公没有给曹沫惩罚，而是对其继续任用。这可了不得了，两个人像朋友一样，荣辱与共。这就将本来是国与国之间的仇恨，转换并展示为个人之间的仇怨，消减或者遮蔽了君臣等级关系的身份色彩。正是这个原因，史迁才把曹沫作为第一个刺客来加以记叙，以展示春秋初期一个重要的社会现象：士流离失所，逸出礼乐文明的等级身份秩序，个体性生存特征开始显现。

  齐桓公许与鲁会于柯而盟。

在会盟中，曹沫展现出了自我判断、自我选择、自我承担的个性，采取的不是政治谋略或外交手段，而是纯乎个人行动：

> 桓公与庄公既盟于坛上，曹沫执匕首劫齐桓公，桓公左右莫敢动，而问曰："子将何欲？"曹沫曰："齐强鲁弱，而大国侵鲁亦甚矣。今鲁城坏即压齐境，君其图之。"

桓公一时也没有办法，脱身不得，只能退让：

> 桓公乃许尽归鲁之侵地。

这时候，曹沫又展现出侠客一诺千金的品质：我没有别的企图，一旦目的达到，就立即停止行动，退回到常规礼乐秩序状态，退回到社会身份关系中去了：

> 既已言，曹沫投其匕首，下坛，北面就群臣之位，颜色不变，辞令如故。

但齐桓公不是侠客——鲁庄公也不是——那种情急之下的应答只是策略，缓兵之计而已，一旦危机解除，一旦获得安全，政客的本色就出来了，转身就不认账了，自己在盟坛上的承诺并不打算遵守：

> 桓公怒，欲倍其约。

此时，一个重要人物出场了，这个人就是辅佐齐桓公成为春秋第一霸的管仲。管仲也不是侠客，他提出反对齐桓公的理由，与曹沫的理由完全不一样，他是从某种关系出发，权衡齐国的眼前利益和长远利益，而相机行事的。管仲曰：

> 不可。夫贪小利以自快，弃信于诸侯，失天下之援，不如与之。

齐桓公采纳了这个意见，结果是：

> 桓公乃遂割鲁侵地，曹沫三战所亡地尽复予鲁。

以曹沫这个刺客开篇，原初的、模糊的、并不鲜明的侠客形象，恰恰表明刺客的品质根源于礼乐文明秩序的信义之精神传统。这个传统现在面临挑战，而刺客成了这个传统的守护者。写到这里，曹沫的故事就结束了，史迁的意图就在于展示侠客最初的人格特征。这个侠客正好又是鲁国之将，反映出礼乐文明秩序中君臣关系开始动摇，就要发生裂变了。

> 专诸者，吴堂邑人也。

专诸的故事远比曹沫的故事复杂、完整得多了，侠客之为侠客的个性也因此更为清晰了。

故事的复杂性与一个人有关。此人在春秋时期非常有名，名气一点也不比管仲弱，他叫伍子胥。此人使得在专诸那里潜藏着的侠客的品质，有了一个实实在在的参照标准：伍子胥在行动上可能和侠客类似，但他不是侠客。伍氏之父兄皆被楚国杀掉，他为了报私仇，逃到了吴国，这就不是侠客之所为了，尽管史迁赞赏伍子胥的复仇行为。伍子胥逃到吴国后，就想挑拨起吴楚战争，但公子光反对，且指出伍子胥本质上不是侠客：

> 伍子胥之亡楚而如吴也，知专诸之能。伍子胥既见吴王僚，说以伐楚之利。吴公子光曰："彼伍员父兄皆死于楚而员言伐楚，欲自为报私仇也，非能为吴。"吴王乃止。伍子胥知公子光之欲杀吴王僚，乃曰："彼光将有内志，未可说以外事。"乃进专诸于公子光。

伍子胥为了自己的私仇，开始另外的谋略，而结交、进献专诸。公子光也有自己的私心，而且还关乎吴国的整个政局。按照礼乐文明的嫡长子继承制，本来他应该做吴国国君，但是没有，其中有政治谋略之因。有个人叫季札，很厉害，公子光的父亲为了吴国的利益，认为权力最好交给季札，可按照继位法，很难操作，于是倒退到殷商时期更多采用的"兄终弟及"的继位方式。吴国采用这种方式，是希望能传位于季札，而季札压根儿不贪恋权力，他有能力，有本事，更有自己的精神追求，他多次在《史记》里出现。季札不愿意接位，传位的章法就乱了。公子光的私事还有点公事的味道在里面，只是公私不分，这一点被伍子胥看得很清楚。伍子胥很有心计，很聪明，但不是侠客，他把专诸献给了公子光，以帮助公子光实现他的政治愿望。

专诸何以为刺客？专诸与公子光之间的关系，类似于曹沫和鲁庄公之间的关系，不是君臣关系，而是两个独立的个体之间的关系：

光既得专诸，善客待之。

我们说，侠客不是莽夫，在专诸身上，这一点体现得非常明显。他们在等待时机，一旦时机成熟，就果断行事。这时候有一段对话，对话中，公子光顿首曰：

> 光之身,子之身也。

意思是说,人之为人,都有一定的社会关系,专诸帮助公子光实现他的政治愿望,其父母姊妹妻子等亲人,公子光都承诺善待。这就是人们常说的君子之交:君子一诺,千金难买。最终,专诸把公子光的事办成了,杀了吴王僚。公子光成为后来吴越之争的主要人物,也使得吴国真正走向了强大。

这几个人物特色鲜明:伍子胥完全为了报私仇;公子光是公私混杂;季札好像和专诸无关,但显示了士的分野和精神生命道路的不同方向,这为后来荆轲完整的刺客精神形象——艺术人生的刺客埋下了伏笔。有了这三个人物的比照,刺客之为刺客,士的精神品质和基本规定性,就更为清晰地展现出来了。

> 其后七十余年而晋有豫让之事。

豫让的故事很有趣,刺客有非功利性的追求,又的确要竭尽全力实现自己的志愿。曹沫、专诸的事都成了,豫让的事没能办成,却体现了士的最起码的品质——史迁在《报任安书》里强调的"士为知己用,女为说己容"。豫让特别充分地体现了这一点。

> 豫让者,晋人也,故尝事范氏及中行氏,而无所知名。去而事智伯,智伯甚尊宠之。及智伯伐赵襄子,赵襄子与韩、魏合谋灭智伯,灭智伯之后而三分其地。赵襄子最怨智伯,漆其头以为饮器。

这太狠了!赵襄子的这个举动,使得能够被智伯欣赏、了解的豫让,一定会为智伯报仇,且完全是一种出于自然正义的个人志愿,无须任何人相托。

> 豫让遁逃山中,曰:"嗟乎!士为知己者死,女为说己者容。今智伯知我,我必为报仇而死,以报智伯,则吾魂魄不愧矣。"

他自我立愿,自我加码,自我使命化,非常鲜明地体现出刺客的志与功利无关,与强迫无关,与交换无关,只是自己对自己的承诺。

为了报仇,豫让吃尽苦头:

> 乃变名姓为刑人,入宫涂厕,中挟匕首,欲以

刺襄子。襄子如厕，心动，执问涂厕之刑人，则豫让，内持刀兵，曰："欲为智伯报仇！"左右欲诛之。襄子曰："彼义人也，吾谨避之耳。且智伯亡无后，而其臣欲为报仇，此天下之贤人也。"卒释去之。

"士为知己者死"，一定不是单相思，而是一种氛围，好像所有的人都被这种氛围感染，这就是那个时代的特质，所谓春秋大义。换言之，这绝对不是智伯和豫让的偶然遭遇，而是那个时代的必然结局。因为不仅智伯和豫让是知己，赵襄子和豫让也是知己。一点不隐瞒、不撒谎，这才是知己；不施阴谋暗算，明人不做暗事，这才感人。赵襄子说豫让是"义人"，如果把豫让杀了，是自己不行、无品。在中国历史上，也只有那个时代才有如此的精神氛围，以后春秋大义逐渐消失了。史迁当朝的李陵事件就是如此。李陵打胜仗时，群臣在皇帝面前大加称赞，可一犯事，这帮人则明哲保身，避之唯恐不及，而且落井下石，顺着今上的意思添油加醋，搜罗证据，推之入火坑。史迁写豫让时，必定哀叹自己置身其间的当朝之无品。

居顷之，豫让又漆身为厉，吞炭为哑，使形状不可知，行乞于市。其妻不识也。行见其友，其友识之，曰："汝非豫让邪？"曰："我是也。"其友为泣曰："以子之才，委质而臣事襄子，襄子必近幸子。近幸子，乃为所欲，顾不易邪？何乃残身苦形，欲以求报襄子，不亦难乎！"豫让曰："既已委质臣事人，而求杀之，是怀二心以事其君也。且吾所为者极难耳！然所以为此者，将以愧天下后世之为人臣怀二心以事其君者也。"

豫让的回答经常被人引用，我们由此也能看到刺客精神品质的纯净和笃定。这才叫忠诚，不拿功利来交换、计算。孔子那里有个词叫"乡愿"，乡愿岂止怀二心，简直怀了N个心，逢人就说好话，见人就吹捧，以换取天下人的欢心而从中获得好处。孔子非常清楚："乡原，德之贼也。"

> 既去，顷之，襄子当出，豫让伏于所当过之桥下。襄子至桥，马惊，襄子曰："此必是豫让也。"使人问之，果豫让也。

之后的对话，把前面两个刺客引出的一系列纠结都展现出来了，也展现出了礼乐文明的扭曲：

于是襄子乃数豫让曰:"子不尝事范、中行氏乎?智伯尽灭之,而子不为报仇,而反委质臣于智伯。智伯亦已死矣,而子独何以为之报仇之深也?"

豫让曰:"臣事范、中行氏,范、中行氏皆众人遇我,我故众人报之。至于智伯,国士遇我,我故国士报之。"

襄子喟然叹息而泣曰:"嗟乎豫子!子之为智伯,名既成矣,而寡人赦子,亦已足矣。子其自为计,寡人不复释子!"使兵围之。

豫让曰:"臣闻明主不掩人之美,而忠臣有死名之义。前君已宽赦臣,天下莫不称君之贤。今日之事,臣固伏诛,然原请君之衣而击之,焉以致报仇之意,则虽死不恨。非所敢望也,敢布腹心!"

于是襄子大义之,乃使使持衣与豫让。豫让拔剑三跃而击之,曰:"吾可以下报智伯矣!"遂伏剑自杀。

死之日,赵国志士闻之,皆为涕泣。

赵襄子叹呼一声"豫子",让人震撼啊!其言也感人肺腑!他把智伯与豫让之间没有展现出来的品相都展现出来了。他和豫让既是知己,也是敌人,彼此敬重。豫让像孩子一样,跳起来拿剑刺衣的行为，山河为之动容！这个刺客，赤子之心，赤子情怀，坚毅，纯净，光明磊落。这是那个时代的品，那个时代的氛围，赵国志士，痛哭流涕，哀号，悼之，颂之，撼人心魂。

到了战国前期——

> 聂政者，轵深井里人也。杀人避仇，与母、姊如齐，以屠为事。

聂政是个遗腹子，他父亲是为韩王执剑的，后来被韩王杀了。因为种种原因，他杀了人，逃往齐国，混迹于街市，做屠夫，内心很憋屈——

> 久之，濮阳严仲子事韩哀侯，与韩相侠累有卻。严仲子恐诛，亡去，游求人可以报侠累者。至齐，齐人或言聂政勇敢士也，避仇隐于屠者之间。

侠客的品，是绝不能被亵渎的，严仲子非常懂事理——

> 严仲子至门请，数反，然后具酒自畅聂政母前。酒酣，严仲子奉黄金百镒，前为聂政母寿。聂政惊

怪其厚，固谢严仲子。严仲子固进，而聂政谢曰："臣幸有老母，家贫，客游以为狗屠，可以旦夕得甘毳以养亲。亲供养备，不敢当仲子之赐。"严仲子辟人，因为聂政言曰："臣有仇，而行游诸侯众矣；然至齐，窃闻足下义甚高，故进百金者，将用为大人粗粝之费，得以交足下之欢，岂敢以有求望邪！"聂政曰："臣所以降志辱身居市井屠者，徒幸以养老母；老母在，政身未敢以许人也。"严仲子固让，聂政竟不肯受也。然严仲子卒备宾主之礼而去。

过了很久，聂政的母亲去世了，他想起了严仲子——

久之，聂政母死。既已葬，除服，聂政曰："嗟乎！政乃市井之人，鼓刀以屠；而严仲子乃诸侯之卿相也，不远千里，枉车骑而交臣。臣之所以待之，至浅鲜矣，未有大功可以称者，而严仲子奉百金为亲寿，我虽不受，然是者徒深知政也。夫贤者以感忿睚眦之意而亲信穷僻之人，而政独安得嘿然而已乎！且前日要政，政徒以老母；老母今以天年终，政将为知己者用。"

这就把刺客报仇的内涵揭示出来了,报仇不过是内在精神生命追求的表象,是家仇还是国恨不重要;他们愿意行动的根据在于"知己",睚眦之仇和杀父之仇对于一个侠客来说,本质是一样的。侠客不会考虑量,考虑的是质。作为一个侠客,和人交往,绝对不是外在量上的比较、权衡,关键在于"士为知己者用"——这句话在《刺客列传》里数次出现。

> 乃遂西至濮阳,见严仲子曰:"前日所以不许仲子者,徒以亲在;今不幸而母以天年终。仲子所欲报仇者为谁?请得从事焉!"严仲子具告曰:"臣之仇韩相侠累,侠累又韩君之季父也,宗族盛多,居处兵卫甚设,臣欲使人刺之,终莫能就。今足下幸而不弃,请益其车骑壮士可为足下辅翼者。"聂政曰:"韩之与卫,相去中间不甚远,今杀人之相,相又国君之亲,此其势不可以多人,多人不能无生得失,生得失则语泄,语泄是韩举国而与仲子为仇,岂不殆哉!"遂谢车骑人徒,聂政乃辞独行。

侠客所为绝对是独立而自由的个人行为。如果有很多人帮助,那就相当于一个组织者了,就不是刺客了。更重要的是,这是私仇,不是国恨,不牵涉到两国。纯粹以私人方式解决问题，败就败了，像豫让一样。

> 杖剑至韩，韩相侠累方坐府上，持兵戟而卫侍者甚众。聂政直入，上阶刺杀侠累，左右大乱。聂政大呼，所击杀者数十人，因自皮面决眼，自屠出肠，遂以死。

多年过后，聂政想起了严仲子。没有严仲子的暗示、相约，纯粹个人的选择，自己把这个事做了，就够了，不想留名，也不想连累其他人。母亲虽然不在了，但姐姐还在，于是把自己毁得一塌糊涂，决意彻底消失。

> 韩取聂政尸暴于市，购问，莫知谁子。于是韩县之，有能言杀相侠累者予千金。久之莫知也。政姊荣闻人有刺杀韩相者，贼不得，国不知其名姓，暴其尸而县之千金，乃于邑曰："其是吾弟与？嗟乎，严仲子知吾弟！"立起，如韩，之市，而死者果政也，伏尸哭极哀，曰："是轵深井里所谓聂政者也。"市行者诸众人皆曰："此人暴虐吾国相，王县购其名姓千金，夫人不闻与？何敢来识之也？"荣应之曰："闻之。然政所以蒙污辱自弃于市贩之间

者,为老母幸无恙,妾未嫁也。亲既以天年下世,妾已嫁夫,严仲子乃察举吾弟困污之中而交之,泽厚矣,可奈何!士固为知己者死,今乃以妾尚在之故,重自刑以绝从,妾其奈何畏殁身之诛,终灭贤弟之名!"大惊韩市人。乃大呼天者三,卒于邑悲哀而死政之旁。

这就是"女为说己容"。不仅聂政是义士,他姐姐也是烈女,品质上都是士。

聂荣的事比聂政的事带给人们的震动更大——

晋、楚、齐、卫闻之,皆曰:"非独政能也,乃其姊亦烈女也。乡使政诚知其姊无濡忍之志,不重暴骸之难,必绝险千里以列其名,姊弟俱僇于韩市者,亦未必敢以身许严仲子也。严仲子亦可谓知人能得士矣!"

这个评价最能反映那个时代的高贵精神。

最值得人们思考的是,亲亲尊尊的礼乐秩序崩坏之后,是不是黑暗的降临?不是!恰恰有这样的士出现了!礼乐崩坏不意味着天下黑暗、人心沉沦,恰恰有真正意义的志诞生了。比起之前严整有序的礼乐，这种志更能带来生的感愤，更具有生机与活力。这是史迁写刺客的宗旨。

聂政的故事，在五个刺客中，除荆轲以外，后世恐怕谈论得最多。郭沫若曾经根据聂政的故事写了一个剧本《棠棣之花》。据说，现已失传的十大名曲之首《广陵散》，其创作灵感就是源于聂政。《广陵散》是刺客之歌，要弹好非常不易，不是技术问题，而是难以走进曲子的精神世界——演奏者必须具备刺客的品质。传到魏晋——如果中国有第二个士的时代，那是在魏晋，有个叫嵇康的名士具有侠客的品，他后来被杀，押赴刑场时，有三千太学生为他送行，他突然看到那个曾经请求向自己学习《广陵散》的学生袁孝尼，悲叹"《广陵散》于今绝矣"。他当时拒绝学生的请求，是因为传承这首曲子需要灵魂的生死之交。

第五位刺客是荆轲。那已是战国末年，秦国就要一统天下了。荆轲的故事，人们耳熟能详。荆轲作为一个刺客，把前面四个刺客从外到内的品质综合起来了，成就了最完整的刺客形象：大智大勇，好勇好力，判断天下局势，担当天下使命。所有这一切都是对亲亲尊尊的伦常秩序的超越。

荆轲作为剑客，喜欢读书，不暴躁，很理智，十分敏锐。他与人下棋，争吵起来，不是跳起来打一架，而是默然离开；与人论剑，人家瞪他一眼，他就悄悄地走了。他从卫到燕一路流浪，关心政治，也献计献策，但不被人采纳。他很孤独，是集侠士所有品格于一身的人才能体会的那种孤独。最后刺秦，是孤独者的上路，他对后果非常清楚，叫"壮士一去兮不复还"。他和音乐家——击筑的高渐离私人交往很好，后者慷慨悲歌为他送行，音乐化的人生充分展现出来了。

高渐离也很有意思，《刺客列传》最后写的就是高渐离：

> 其明年，秦并天下，立号为皇帝。于是秦逐太子丹、荆轲之客，皆亡。高渐离变名姓为人庸保，匿作于宋子。久之，作苦，闻其家堂上客击筑，傍徨不能去。每出言曰："彼有善有不善。"从者以告其主，曰："彼庸乃知音，窃言是非。"家丈人召使前击筑，一坐称善，赐酒。而高渐离念久隐畏约无穷时，乃退，出其装匣中筑与其善衣，更容貌而前。举坐客皆惊，下与抗礼，以为上客。使击筑而歌，客无不流涕而去者。宋子传客之，闻于秦始皇。秦始皇召见，人有识者，乃曰："高渐离也。"秦皇帝惜其善击筑，重赦之，乃矐其目。使击筑，未尝不称善。稍益近之，高渐离乃以铅置筑中，复进得近，举筑朴秦皇帝，不中。于是遂诛高渐离，终身不复近诸侯之人。

一个领悟刺客精神极深的音乐家,要为荆轲报仇。整个《刺客列传》以这样亮丽的、撼人心魂的方式结束。刺客的品格超越外在的功利计算,超越的人生就是艺术的人生。高渐离把五个刺客的精神升华并凝练为雄强而悲壮的音乐,他是刺客真正的知音。

史迁有个评述:

> 世言荆轲,其称太子丹之命,"天雨粟,马生角"也,太过。又言荆轲伤秦王,皆非也。始公孙季功、董生与夏无且游,具知其事,为余道之如是。

他交代得很清楚:自己写的这个故事,是董先生跟自己讲的。董仲舒又是听当时荆轲刺杀秦王的目击证人讲的,目击证人就是当时在场拿药箱砸荆轲的御医夏无且。董仲舒大约生于公元前179年,于公元前104年去世;荆轲刺秦王发生在公元前227年,距离董仲舒的生年有48年。假设夏无且给秦始皇当御医的时候是20岁到30岁,董仲舒出生时,他大概是68岁到78岁。董仲舒亲自听到夏无且的讲述是完全可能的。一般认为文学想象性很强的《刺客列传》,确有一个值得信任的证人。史迁最后说:

自曹沫至荆轲五人,此其义或成或不成,然其立意较然,不欺其志,名垂后世,岂妄也哉!

(五)

现在说说《刺客列传》的暗笔。

《刺客列传》涉及的春秋战国时代礼崩乐坏。孔子直面礼崩乐坏的乱局,很绝望,"知其不可为而为之"的孔子,是个孤独者。孔子思想的主题与士相关。他自己就是武士之后,幼年丧父,孤儿寡母,无依无靠,却把历史经验中各种类型的士引到新的精神道路上来,为士重新定位,使士成为拯救文明的担当者,谓之"担道之士"。

董仲舒的《天人三策》倡导"推明孔氏,抑黜百家",认为只有儒生能担道。史迁是不以为然的。如果说,《刺客列传》刺破董仲舒神话还多少有些隐晦,那么在我们后面要讲到的《游侠列传》里,这个意思就十分鲜明地表露出来了。《游侠列传》三分之二的篇幅是"载之空言",直接发表史家的议论,一开篇就将儒士和侠士对举,而且对汉儒表现出明显的嘲讽与批判。这与他对孔子的崇敬是矛盾的吗?

关键在于如何理解孔子的"担道"。史迁写《扁鹊仓公列传》《管晏列传》《伯夷列传》以及最后的《刺客列传》,都在强调一个东西——义。这和孔子的"道"是一个东西吗？不完全是。史迁写的士，其义是从自己的内心生发，只是对自己的期许，与社会秩序几乎无关。而孔子的担道是为天下担道，为君上担道，为劳苦大众担道，总之，是为外在秩序而担道。

史迁写的士，生得轰轰烈烈，死得轰轰烈烈，也就是《报任安书》里写的"有重于泰山"，哪怕是一颗流星也要灿烂地划过长空。某种意义上可以说，史迁要把人的活法从孔子之道中解脱出来。《儒林列传》中表达的、班固也采用了的看法或许提醒人们，儒生演变为利禄之徒，未必与孔子的担道无涉。而史迁写的侠士，与利禄追求几乎无关，他们视精神为至高无上。孔子为了外在担道的成功，也强调内在修炼，但人们在评价中往往只看到外在的事功；孔子强调"克己复礼"，"克己"本来是内在的，但"复礼"又转向外在关系了。孟子提出"无君无父是为禽兽"：否认君父的人，与禽兽无异。到了董仲舒，"三纲五常"成了纯粹的外在教化。这在史迁看来，乃是一条精神趋于堕落的路。

再说得绝对一些，史迁强调的义，超越的恰恰是儒家的担道，也就是超越对尘世的占有欲——儒家思想在这个意义上确实可称为一种政治哲学，而史迁强调的义则不可能成为政治哲学，只能是人生艺术。他强调的是始终驻留于个体生命中的人格品质。

这正好是雅斯贝尔斯所说的"人之觉醒"的时代,先知们致力于思考"人该怎么活"的大问题,各种可能性都揭示出来了。刺客也是一种可能,问题是,这一可能在他的当朝很明显将不再可能,而儒家所谓担道的高调已开始大行其道。史迁的对抗,体现在《史记》的很多篇章中,他写英雄,其实就是在呼唤义士精神,呼唤人们对义士精神的记忆。

回到思想史上。其实,在《论语》中孔子言"道"也有几个方向:既有政治人生的方向,也有审美人生的方向,还有道德人生的方向。孔子比史迁早了几百年,孔子之道作为汉民族精神的始源地,因此能影响后来的史迁。在史迁看来,孔子就是个孤独者,"栖栖遑遑若丧家之狗"。在哲学上,道德人生对应的是孟子,审美人生对应的是庄子,政治人生对应的是荀子。无论是哪种人生都影响了史迁对于士之品质的思索,但史迁做出了自己的决断,标举了他"成一家之言"的侠义。庄子讲的多是养生;孟子的道德人生几乎发展成了乡愿——调子太高了,只能装;荀子的政治人生,在其学生韩非、李斯那里,变得尖锐而冷酷,沦为世俗的牺牲品。史迁把孔子写成了孤独者,某种意义上很像一个侠客义士。侠客是孤独者,这些人不存在血缘伦常意义上的相互影响与传承。史迁告诉人们,只要有人存在,义士就有可能突然出现。

因为这种写法，说史迁是绝望的，可以；说史迁是怀抱希望的，也未尝不可。

所以，读到荆轲，你会觉得悲，也会觉得热乎，不会觉得凉，很带劲。我赞同木心先生的判断：史迁很像后来的尼采。尼采说，如果生命的成长必须与外在关联的话，那么就有国家、社会、人类三个关联域。人类在尼采那里是个价值词语。尼采了不起的是，不是在生物学意义上讲人类，而是提出了最高价值意义的人类概念：人作为一个个体，既有个体-社会的关系，也有个体-人类的关系。尼采重估西方价值发现，在个体-社会中，个体都是被压制、遮蔽的，因为个体只能为社会服务，为社会所用，为社会建功立业，这一点后来发展为奴隶道德。尼采要说的是，总在个体-社会中考虑问题，将会消除个体的特性，个体将会走向平庸化、同质化，这对人类是极大的损害。就个体-人类的关系而言，史迁写的刺客、义士，只要还在经验生活中出现，哪怕过一百年、两百年出现一次，不论种族、民族，都表明人类这个生物种群品质尚在，还没堕落，还有希望。这意思是，个体就是人类，人类就是个体。在这个意义上说，史迁将道与义对举表明，刺客的义恰恰是人类性的，并非某民族之义。史迁笔下的英雄总是孤独的，这个星球只要还有孤独者存在，就有光、有品质、有高度。或许正是那些怪异者、剑走偏锋者表征着尼采所谓群体生命存在的高度与质量。

当我们这样来理解史迁时，他已经是个哲人了。史迁的"一家之言"是建立在"究天人之际"的基础上的。

（六）

从学科分类的角度看，《扁鹊仓公列传》是中华文明史上关于医学的一篇重要文献。我还是基于这个主题——个体生命与人格，或者称之为士的命运——将其纳入侠客的谱系加以讨论。事实上，侠客与江湖郎中有很深的关联。侠客要自我疗伤，都懂中医，习武之人除了习德，还要习医。

《扁鹊仓公列传》之前，有一篇列传叫《田叔列传》。褚先生明确说这篇有自己的补续，存有很重要的历史信息，他补续了史迁最好的朋友田仁、任安的人生结局：这两个人都死于武帝朝末期的太子巫蛊事件。我们说，褚先生基本领会了史迁创作《史记》的精神实质，尤其对《史记》内在逻辑结构有相当精准的把握。他补的田仁很有意思。史迁在该篇的"太史公曰"中说：

> 孔子称曰"居是国必闻其政"，田叔之谓乎！义不忘贤，明主之美以救过。仁与余善，余故并论之。

褚先生在补续田仁的时候，明确告诉我们田仁案件是个冤案。武帝晚年在政治上陷入了十分荒谬的境地，太子巫蛊事件是个悲剧，田仁、任安的悲惨结局是这个悲剧的组成部分。

我们说，《史记》其实是一部当代史，是史家对当朝做出的评判。《田叔列传》之后就是《扁鹊仓公列传》，这个结构安排在一定程度上也能体现这一点。巫蛊事件爆发时，太子并不是主角，有个叫江充的人利用巫蛊事件清查太子，以报私怨，这才把太子卷了进来。江充很了解武帝的身体状态，武帝当时的身体状况很差，时常颠三倒四，像疯子一样。皇上的健康状况，绝对属于政治机密，一般人不可能知道。江充对武帝的身体状况非常了解，是因为武帝对他很信任，巫蛊事件发生后，江充伺机把太子拉入其中以报前仇。他抓得非常准，武帝也信了。在京城，这个事件闹得沸沸扬扬、乌烟瘴气，人们互相栽赃献密，从达官贵人到黎民百姓，人人自危。武帝不住在长安城里。太子被卷入后，江充到太子府搜查，搜查到了巫蛊道具。太子这个时候没办法见到他的父亲，消息封锁得非常严，彼此无法沟通，武帝获得的消息与太子获得的消息，完全不对等。太子决定除掉阻隔其间的江充。江充被除，在武帝看来，就更暴露了太子弑君政变的阴谋，于是下令围剿太子。太子出逃，死在湖县泉鸠里（今潼关以东阌县境内）。历史上有说太子是自杀的，也有人对此表

示怀疑。《汉书·武帝纪》的记载是这样的:

> 秋七月,道侯韩说、使者江充等掘蛊太子宫。壬午,太子与皇后谋斩充,以节发兵与丞相刘屈氂大战长安,死者数万人。庚寅,太子亡,皇后自杀。初置城门屯兵。更节加黄旄。御史大夫暴胜之、司直田仁坐失纵,胜之自杀,仁要斩。八月辛亥,太子自杀于湖。

巫蛊事件把武帝晚年政治的非理性完全展示出来了。

巫蛊事件就先说到这里。在中国古代,巫医是同生共源的,最初是巫,后来分离出医。在很长时间内,人们一说到医术,都很难分辨出究竟是一种理性的、可讨论的、可传承的技术,还是一种神秘的巫术。后来医生也儒家化了,他们追溯中医根源,追溯到儒家的《易经》。这算是理性建构知识谱系的努力。

易象在《扁鹊仓公列传》中有明确体现,中医确实博大精深,也很神秘。我们接受了建立在解剖学之上的西医之思维方式与知识谱系后,已经很难领会中医的奥妙了。在武帝时期,巫医早完成了从混淆到分裂的过程,而武帝本人与其说信从《易经》传承下来的知识谱系,不如说更信巫。

秦始皇焚书坑儒，主要烧毁山东六国的史书，为的是灭掉记忆，但有些书是不烧的，《秦始皇本纪》中记载：

所不去者，医药卜筮种树之书。

秦始皇本人也极其迷信巫，派了一拨又一拨的术士求仙问药，希望长生不死。武帝这个人和秦始皇差不多，年岁越高越迷信，他自己说过，如果天上真的有极乐世界，自己连妻子儿女都不要了，宁愿升天。这可不是开玩笑，对一个拥有至尊权位的老人来说，贪生的欲望何其强烈！加之还有这么深厚的巫医传统，而巫医本来就是官学的重要组成部分。武帝一朝喜欢搞封禅，这个事干得像打匈奴一样作古正经、前仆后继，这与贪生的欲望是相关的。到了晚年，武帝更是贪生怕死，更需要巫。

巫蛊事件怎么发生的呢？武帝得了我们今天所谓的忧郁症、疑虑症、恐惧症，他在床上躺着，突然发现一个影子飘过，他认为是刺客——武帝对荆轲刺秦王的记忆肯定是很深的。其实这是他梦想长生不死的一个幻觉，可武帝说看见了刺客，谁敢说没看见？于是就有大臣主动请缨抓刺客，在查刺客的过程中，发现有人用巫蛊诅咒武帝早死。这还了得！

史迁怎么看？他为什么要写《扁鹊仓公列传》？仓公

还好说，扁鹊明显是以巫为主的巫医混合型人才。史迁糊涂了？他信吗？史迁写的是当代史，他要反思类似巫蛊事件这样的政治非理性何以发生在当朝。所以，《扁鹊仓公列传》绝不仅仅是学科分类意义上的医学传记这么简单。我的意思是，《扁鹊仓公列传》确实是部巫医史，可从根本上说，仍然是一篇政治性传记，而且和当朝直接相关。

《扁鹊仓公列传》之前的《田叔列传》谈的是政治德行，而《扁鹊仓公列传》之后的《吴王濞列传》讲的是以吴王濞为首的吴楚七国之乱。居间的《扁鹊仓公列传》同样关涉政治。武帝之后，围绕医的问题还发生了几次大震荡，医被深深地卷入政治旋涡之中，比如宣帝的皇后，很可能就是被当朝的医官除掉的——这一直是个悬案。

医既是一种技术，关涉身体，决疑生死；同时，又关涉人心，关涉政局，是个政治问题。最初，巫医不分，巫本来就和政治相关。史迁"究天人之际"，实际上也触及生命意识的问题。当个体开始打量自己的时候，基于求生本能、死亡忧虑，寻根与安定意识必定积淀为人性的基本内涵。最初是天人不分，个体生命系统与宇宙系统混为一体，后来，政治系统使二者发生了分离，传统的说法是"绝地天通"。而政治系统仍然需要建立天人之关联，比如董仲舒就曾通过"天人感应"论证"君权神授"。

我们有两个传统，一个是血缘伦常传统，一个是巫史传统。权力者最初就是巫，《史记》开篇的五帝，尽管史迁将其作为人子记叙，但他们其实是最大的巫，他们最有智慧、最有能耐、最有可能重新沟通天地，因此而称圣人。生死大限乃天命，唯巫与圣人可以预知；巫医相关，看病吃药，是为了恢复正常的生命运行系统。换言之，医本来就是从政治系统（巫）中生发出来的，它天生与政治相关。明白了这一点，就不难理解把《扁鹊仓公列传》纳入侠客系列的道理。

《扁鹊仓公列传》表面上看是个合传，因为史迁确实写了两个高明的医生，二者虽然时间隔了很远，但存在传承关系。"扁鹊"是个代号，在秦越人之前，早有一个神话传说的谱系："为医或在齐，或在赵。在赵者名扁鹊。"秦越人被称为"扁鹊"，是因为他集巫医于一体，医术极其高明，有起死回生的本领。在此意义上又可以说，《扁鹊仓公列传》是篇类传。到了汉朝仓公的时代，巫医早已分离了，但政治性问题仍然与医相关。

这些高明医生都有一个共同的行状，就是行游天下，到现在还有"江湖郎中"的说法。他们虽是以治病为业，但在行游天下的过程中获得了很多信息，包括政治信息；他们掌握了很高超的技艺，身手不凡，却又不显山露水，甚至不治病——仓公就是如此，他后来犯事就是因为人们知道他医术高明却偏偏不治病，把他告了。他们行游天下的同时，纵观天下政局，纵观天下变迁之大势，和我们讲的侠客一样，对政治非常敏感。他们要根据时事决定是行医还是不行医，是显还是隐，否则可能死无葬身之地；他们行游天下，还要藏于天下。而且，他们绝对是个体性的，于功利无求，否则在观天下的时候，就不可能藏于天下，这也与侠客一样。还有，侠客要复仇、杀人，但医生怎么能杀人呢？史迁的记叙很有意思：这些高明的医生有几类人是不治的，是见死不救的。而见死不救，恰恰成了医生的最大德行，这就表明，他们在品质上其实就是侠客。

　　史迁在传中记叙的医德与我们今天所谓的人道主义是不太一样的，甚至是相反的。要怎么理解呢？尼采一定会说，扁鹊是英雄，是侠客，他们体现的是"主人道德"。他们身怀绝技，行观天下而又藏于天下，有些人要救，有些人不救，这种医德不是通常所谓的道德，而是自然法则——如果连自然法则都不懂，怎么沟通天人？怎么能领悟大道？不救的那些人当然不是普通老百姓，而是与政治紧密相关的某类人。

（七）

　　我们结合文本，较为细致地来品味一下这些侠客。

扁鹊者，勃海郡郑人也，姓秦氏，名越人。少时为人舍长。舍客长桑君过，扁鹊独奇之，常谨遇之。长桑君亦知扁鹊非常人也。出入十馀年，乃呼扁鹊私坐，间与语曰："我有禁方，年老，欲传与公，公毋泄。"扁鹊曰："敬诺。"乃出其怀中药予扁鹊："饮是以上池之水，三十日当知物矣。"乃悉取其禁方书尽与扁鹊。忽然不见，殆非人也。扁鹊以其言饮药三十日，视见垣一方人。以此视病，尽见五藏症结，特以诊脉为名耳。为医或在齐，或在赵。在赵者名扁鹊。

客馆本身就有江湖的象征意义，走南闯北的人自然需要旅馆。长桑君与秦越人在江湖中相遇，两人无须言说，无须过手，彼此一望便知，只恨相识太晚，此谓知音。他们就像侠客一样，相互展露一手功夫，这手功夫就是巫医。长桑君既然能让人有透视的功夫，那他自己必然就有隐身的功夫，绝对超然。他们看病中的把脉，只是给普通人表演而已——哪里还需要把脉啊！他们把脉时的闭眼，静心而已。侠客的品昭昭然也。

巫医犹如神龙，见首不见尾，凡胎肉眼是寻不见高明的师傅的，师徒是彼此相遇，是心有灵犀一点通。"舍客长桑君过，扁鹊独奇之，常谨遇之。"长桑君十年进进出出，他游走天下也藏于天下，几人识之？扁鹊眼力了得。长桑君一直在观察自己的传人，等到自己老了，走不动了，该把功夫传给徒弟了。真正的师徒关系是没有功利算计的，精神品质和侠客是一样的。

巫医开始分离有一个重要的标志，就是秘籍、禁方的泄露与流传。某些技艺，经个人努力虽可习得，却难得其神髓。扁鹊要开天眼，就需要长桑君最后的点化，巫乃师，医乃生，巫与医的关系因此成了师生关系。

史迁接着写了三个行医的案例，采用的是艺术性的幻化笔法，通过战国时人秦越人这个具体人物把历史的时代变迁和精神品质展示出来了。

第一个医案讲的其实是政治问题。这里所谓的医其实是巫医合体，展示的主要是巫的本领——

> 当晋昭公时，诸大夫强而公族弱，赵简子为大夫，专国事。简子疾，五日不知人，大夫皆惧，于是召扁鹊。扁鹊入视病，出，董安于问扁鹊，扁鹊曰："血脉治也，而何怪！昔秦穆公尝如此，七日而寤。寤之日，告公孙支与子舆曰：我之帝所甚乐。

吾所以久者，适有所学也。帝告我：晋国且大乱，五世不安。其后将霸，未老而死。霸者之子且令而国男女无别。公孙支书而藏之，秦策于是出。夫献公之乱，文公之霸，而襄公败秦师于殽而归纵淫，此子之所闻。今主君之病与之同，不出三日必间，间必有言也。"

这哪里是个医生？完全是预言家，是巫师嘛！扁鹊诊断的是历史，把握到的是政治的脉络。

居二日半，简子寤，语诸大夫曰："我之帝所甚乐，与百神游于钧天，广乐九奏万舞，不类三代之乐，其声动心。有一熊欲援我，帝命我射之，中熊，熊死。有罴来，我又射之，中罴，罴死。帝甚喜，赐我二笥，皆有副。吾见儿在帝侧，帝属我一翟犬，曰：及而子之壮也以赐之。帝告我：晋国且世衰，七世而亡。嬴姓将大败周人于范魁之西，而亦不能有也。"董安于受言，书而藏之。以扁鹊言告简子，简子赐扁鹊田四万亩。

如果说扁鹊是个医生，那他诊治的不过是赵简子的政治心病而已。

扁鹊诊断的这段历史,史迁在《赵世家》中有更详尽的记叙。赵简子是有名的"赵氏孤儿"赵武的孙子,他天赋的使命似乎就是颠覆三代礼乐文明的基本秩序。孔子周游列国途中,放弃渡黄河去晋国的打算就与此有关。有史家认为,赵简子是战国精神之父,后来商鞅变法推行的军功爵制就是由赵简子开创的。他为了实现"上帝之梦"的政治意图,竟然不顾周礼确立起来的嫡长子继承制,而立虽庶出却有能力的儿子赵襄子为继承人。赵襄子就是刺客豫让要刺杀的人,豫让的失败象征着春秋礼义精神无可奈何的退场。赵襄子称豫让为"义人",是对春秋遗风的记忆和凭吊。

第二个医案是这样的:

> 其后扁鹊过虢。虢太子死,扁鹊至虢宫门下,问中庶子喜方者曰:"太子何病,国中治穰过于众事?"中庶子曰:"太子病血气不时,交错而不得泄,暴发于外,则为中害。精神不能止邪气,邪气畜积而不得泄,是以阳缓而阴急,故暴蹶而死。"扁鹊曰:"其死何如时?"曰:"鸡鸣至今。"曰:"收乎?"曰:"未也,其死未能半日也。""言臣齐勃海秦越人也,家在于郑,未尝得望精光侍谒于前也。闻太

子不幸而死，臣能生之。"中庶子曰："先生得无诞之乎？何以言太子可生也！臣闻上古之时，医有俞跗，治病不以汤液醴酒，镵石挢引，案扤毒熨，一拨见病之应，因五藏之输，乃割皮解肌，诀脉结筋，搦髓脑，揲荒爪幕，湔浣肠胃，漱涤五藏，练精易形。先生之方能若是，则太子可生也；不能若是而欲生之，曾不可以告咳婴之儿。"终日，扁鹊仰天叹曰："夫子之为方也，若以管窥天，以郄视文。越人之为方也，不待切脉望色听声写形，言病之所在。闻病之阳，论得其阴；闻病之阴，论得其阳。病应见于大表，不出千里，决者至众，不可曲止也。子以吾言为不诚，试入诊太子，当闻其耳鸣而鼻张，循其两股以至于阴，当尚温也。"中庶子闻扁鹊言，目眩然而不瞚，舌挢然而不下，乃以扁鹊言入报虢君。虢君闻之大惊，出见扁鹊于中阙，曰："窃闻高义之日久矣，然未尝得拜谒于前也。先生过小国，幸而举之，偏国寡臣幸甚。有先生则活，无先生则弃捐填沟壑，长终而不得反。"言末卒，因嘘唏服臆，魂精泄横，流涕长潸，忽忽承䚡，悲不能自止，容貌变更。扁鹊曰："若太子病，所谓尸蹶者也。夫以阳入阴中，动胃缠缘，中经维络，别下于三焦、膀胱，是以阳脉下遂，阴脉上争，会气闭而不通，阴上而阳内行，下内鼓而不起，上外绝而不为使，上有绝阳之络，下有破阴之纽，破阴绝阳，色废脉乱，故形静如死状。太子未死也。夫以阳入阴支兰藏者生，以阴入阳支兰藏者死。凡此数事，皆五藏蹷中之时暴作也。良工取之，拙者疑殆。"扁鹊乃使弟子子阳厉针砥石，以取外三阳五会。有间，太子苏。乃使子豹为五分之熨，以八减之齐和煮之，以更熨两胁下。太子起坐。更适阴阳，但服汤二旬而复故。故天下尽以扁鹊为能生死人。扁鹊曰："越人非能生死人也，此自当生者，越人能使之起耳。"

这里，扁鹊展示了其高明的医术，既对病情有精准的诊断，又能娴熟地运用针灸之类的治疗技术。医术的施展是以医德为前提的，所以他说，不是自己有什么高明的医术可以起死回生，而是因为当活者不会死、当死者不能活的生死之道：生死在其自身。生死之道是医德的基础，医德其实就是遵循自然法则的大智慧。巫医已经分离。

这种大智慧充分体现在第三个医案中：

扁鹊过齐，齐桓侯客之。入朝见，曰："君有疾在腠理，不治将深。"桓侯曰："寡人无疾。"扁鹊出，桓侯谓左右曰："医之好利也，欲以不疾者为功。"后五日，扁鹊复见，曰："君有疾在血脉，不治恐深。"桓侯曰："寡人无疾。"扁鹊出，桓侯不悦。后五日，扁鹊复见，曰："君有疾在肠胃间，不治将深。"桓侯不应。扁鹊出，桓侯不悦。后五日，扁鹊复见，望见桓侯而退走。桓侯使人问其故。扁鹊曰："疾之居腠理也，汤熨之所及也；在血脉，针石之所及也；其在肠胃，酒醪之所及也；其在骨髓，虽司命无奈之何。今在骨髓，臣是以无请也。"后五日，桓侯体病，使人召扁鹊，扁鹊已逃去。桓侯遂死。

与侠客一样，扁鹊的大智慧与功利欲求无涉，建立在医德基础上的医术的施展，以对个体人格的绝对信任为条件——

> 使圣人预知微，能使良医得早从事，则疾可已，身可活也。人之所病，病疾多；而医之所病，病道少。故病有六不治：骄恣不论于理，一不治也；轻身重财，二不治也；衣食不能适，三不治也；阴

> 阳并，藏气不定，四不治也；形羸不能服药，五不治也；信巫不信医，六不治也。有此一者，则重难治也。

换成侠客，就是侠客复仇是有条件的。无论侠客还是医生，他们作为义士，都必须具备遵循自然法则之智。观人察势、准确判断之德，不过是遵循自然法则之智的体现。因此——

> 扁鹊名闻天下。过邯郸，闻贵妇人，即为带下医；过洛阳，闻周人爱老人，即为耳目痹医；来入咸阳，闻秦人爱小儿，即为小儿医：随俗为变。

扁鹊的人生结局如何？

> 秦太医令李醯自知伎不如扁鹊也，使人刺杀之。

是什么使得了悟了生死之道的扁鹊，竟然对自己的生死无从把握，以至于最后被杀死呢？到了仓公的时代，深层的问题就完全暴露出来了。

我们把《扁鹊仓公列传》放入侠客系列来讲，除了前面说到的理由外，还因为他们相似的人生遭际：他们都具有生死达观的品质,却又难以寿终正寝,因而陷入人生悲剧。说到底,是政治权术使得侠士、医士们终究无所遁逃于天地之间。仓公的故事带有鲜明的政治色彩。

其实,仓公本人对此非常警觉,自觉地藏于天下——

> 太仓公者,齐太仓长,临菑人也,姓淳于氏,名意。少而喜医方术。高后八年,更受师同郡元里公乘阳庆。庆年七十余,无子(这应该是衍文,和后文矛盾),使意尽去其故方,更悉以禁方予之,传黄帝、扁鹊之脉书,五色诊病,知人死生,决嫌疑,定可治,及药论,甚精。受之三年,为人治病,决死生多验。然左右行游诸侯,不以家为家,或不为人治病(很可能就是前面说到的"六不治"),病家多怨之者。

但他到底藏不住——

> 文帝四年中,人上书言意,以刑罪当传西之长安。意有五女,随而泣。意怒,骂曰:"生子不生男,缓急无可使者!"于是少女缇萦伤父之言,乃随父西。上书曰:"妾父为吏,齐中称其廉平,今坐法当

刑。妾切痛死者不可复生而刑者不可复续，虽欲改过自新，其道莫由，终不可得。妾愿入身为官婢，以赎父刑罪，使得改行自新也。"书闻，上悲其意，此岁中亦除肉刑法。

文帝十三年，中国法制史上有个重举：废掉了肉刑。在这之前，有大辟、宫刑、膑刑、黥刑、髡刑，共五种肉刑。所谓废除肉刑，就是将膑刑、黥刑等改为打鞭子，《汉书·刑法志》有记载：

> 诸当完者，完为城旦舂；当黥者，髡钳为城旦舂；当劓者，笞三百；当斩左止者，笞五百；当斩右止，及杀人先自告，及吏坐受赇枉法，守县官财物而即盗之，已论命复有笞罪者，皆弃市。

而且还规定了鞭子的规格和使用方式。在实际的执行过程中，有时候三百鞭、五百鞭下去，命都没了，比肉刑还厉害，所以还要调整，比如规定赎罪。顺便一说，史迁本来是死刑，但可以选择赎罪，需要六百斤铜，可他当时太穷了，也没有亲戚朋友敢帮他，最后只好选择了宫刑。

巫医本来就与政治相关，最初其知识谱系是不外传的，作为档案存于庙堂，大概在春秋战国时外泄了，所以才有长桑君、秦越人这些江湖郎中。这类似于官学外泄，流传到了民间，民间的这些高人又私下授予徒弟，变成了江湖秘传。那时政局混乱，集权化程度不高，这些知识在民间传播还有可能性，一旦政局稳定下来，专制集权得以巩固，民间传播的通道就可能变窄甚至被堵死。文景之治时，天下确实比较稳定，春秋之前的官学传统有了恢复的可能。史迁的《仓公传》记录了"君臣问答"，这其实就是《黄帝内经》的传承传统。

《扁鹊仓公列传》中的二十五个病例，是中华医学史上最早的临床档案：第一个，"病得之饮酒且内"；第二个，"所以知小子之病者，诊其脉，心气也，浊躁而经也，此络阳病也"；第三个，"病得之内"；第四个，"此病得之当浴流水而寒甚，已则热"；第五个，"病得之流汗出潞"；第六个，"病得之盛怒而以接内"；第七个，"病得之酒且内"；第八个，"病得之酒"；第九个，"得之汗出伏地"；第十个，"病得之欲溺不得，因以接内"；第十一个，"病得之饮酒大醉"；第十二个，"病得之流汗"；第十三个，"得之风，及卧开口，食而不嗽"；第十四个，"怀子而不乳……而脉躁"；第十五个，"病得之流汗数出，於火而以出见大风也"；第十六个，"病得之沐发未干而卧"；第十七个，"病得之好持重"；第十八个，"病得之欲男子而不可得也";第十九个,"病蛲得之于寒湿,寒湿气宛笃不发,化为蠹";第二十个,"病得之饱食而疾走";第二十一个,"得之堕马僵石上";第二十二个,"拙工有一不习,文理阴阳失矣";第二十三个,"病得之内";第二十四个,"病得之数饮酒以见大风气";第二十五个,"病得之内"。

如果回到《尚书》,看看周公那些告诫,就能明白,这些病例其实充满了政治意味。这二十五个病例本来就是在回答皇上的提问时回忆起来的:

> 意家居,诏召问所为治病死生验者几何人也,主名为谁。诏问故太仓长臣意:"方伎所长,及所能治病者?有其书无有?皆安受学?受学几何岁?尝有所验,何县里人也?何病?医药已,其病之状皆何如?具悉而对。"

还有八问。问的是:(一)"所诊治病,病名多同而诊异,或死或不死,何也?"(二)"所期病决死生,或不应期,何故?"(三)"意方能知病死生,论药用所宜,诸侯王大臣有尝问意者不?及文王病时,不求意诊治,何故?"(四)"知文王所以得病不起之状?"(五)"师庆安受之?闻于齐诸侯不?"(六)"师庆何见于意而爱意,欲悉教意方?"(七)"吏民尝有事学意方,及毕尽得意方不?何县里人?"(八)"诊病决死生,能全无失乎?"

仓公被问得胆战心惊:自己就是个罪人,而且就因为自己是个医生。他虽然因为女儿缇萦上书,没有受到肉刑,但也没有了人身自由,而且其行医的历史也被严加审查,目的在于了解他的医术、医方传给了哪些人,流传范围有多广。这个问讯过程也披露了诸侯国的基本状况,还体现了中华医学传统中官学与私学的对立。

本传最后的"太史公曰"渗透着一股悲凉气:

> 女无美恶,居宫见妒;士无贤不肖,入朝见疑。故扁鹊以其伎见殃,仓公乃匿迹自隐而当刑。缇萦通尺牍,父得以后宁。故老子曰"美好者不祥之器",岂谓扁鹊等邪?若仓公者,可谓近之矣。

我们由此能看到,基于纯粹个体生命意识和人格自我涵养的义士传统正慢慢消失,史迁对其原因了解得清清楚楚:政治权术使得这些医士无所遁逃于天地之间,其命运与侠客相同。太子巫蛊事件这样的大悲剧终于在武帝朝末期发生了。

（八）

我们以《项羽本纪》开篇，以《游侠列传》收尾，所要探究的主题是侠义。这个主题传递出什么样的历史信息？揭示了中华文明的什么真相？信息是怎么丢失的？真相是怎么遮掩的？

学界研究游侠这个中华文明历史中重要的社会现象，一般只追溯到《史记》里的战国四君子，不会追溯到战国以前。而我坚持认为，《刺客列传》里面那五大刺客就是侠。

整体性地看待《史记》，或者说，将史迁记叙的差不多三千年的历史视为一个生命体：本纪有其对应的世家，世家有其对应的列传，而后都归于表和书（时空）。于是鲜活的生命感终于呈现出来了。

因此，有的学者在讲游侠的时候会提到《吴太伯世家》，也有人追溯到殷周之际的伯夷、叔齐。他们对商纣王是持批评态度的，但也并不认为武王革命有什么不得了——用今天的话说，正当性是成问题的；他们既对殷商不满意，也对取代殷商的姬周不满意，而宁愿饿死首阳山。他们身上似乎有侠的品质。伯夷、叔齐皆入列传，所对应的世家是《吴太伯世家》吗？这是一个值得追究的问题。

我们将《游侠列传》对应于《陈涉世家》，更对应于《孔子世家》，再追溯至《项羽本纪》。其余十一篇本纪都不可能支撑具有侠的品质的世家文本，更不能支撑《游侠列传》。这绝非纯粹技术或者形式意义上的机械考虑。

班固批评史迁，"其是非颇谬于圣人"。史迁当朝的政治正确是：项羽是刘邦的敌人。《汉书》就"正确"地将项羽与陈涉合传，可史迁偏偏将项羽纳入本纪之中，还将项羽的形象塑造得如此光彩夺目。史迁其实是在表达一种理想和期待，希望通过对历史的记叙，呼唤个性，呼唤真正意义上的尊严意识。

孔子说：

三军可夺其帅也，匹夫不可夺其志也。

曾子说：

士不可不弘毅，任重而道远。

他们说的都是个性和个体生命的尊严问题。史迁讲侠的历史，同样是在传达这样的历史信息和真相：个体生存的勇气和能力在什么条件下能够得以充分发挥，既能涵养个体生命的尊严意识，又不至于损人利己，给社会造成灾难；社会生活离不开政治、道德、纪律和法律，生活需要秩序，也应该讲求品质；问题是在什么品质的秩序之下，生命个性和个体生存的勇气、能力，能够共存、协调、共谋与融通——这才是一种文明传统欣欣向荣的关键所在。

在《史记》里，最能体现个性与个体生命的尊严意识的，就是侠。

杨联陞先生有一本书叫《汉学书评》。在国际汉学界，杨联陞先生被称为"汉学界的守门汉"，在汉学的西学界和西学的汉学界里，他站在持平、客观的立场上，致力于还原被扭曲了的历史真相。商务印书馆出版的《汉学书评》中，有三篇关涉《史记》，其中一篇就是评刘若愚的《中国之侠》。《中国之侠》是从"战国四君子"写起的。杨联陞先生的书评追问：为什么对西方用英文讲中国之侠？中国之侠在文化中占什么比重？

中国之侠有很深的传统，这是事实。侠有两类：任侠和游侠。就在史迁写《游侠列传》的时候，侠就开始隐退消失了，尽管侠的意识仍将在文化观念和文学中存在。刘若愚先生专门研究诗词文学传统中的侠，认为在普通老百姓的记忆中，或者街头艺人的说书中，侠的观念被保存下来了，间或还出现那么一两拨儿很像侠的人，比如说魏晋时传《广陵散》的嵇康。杨联陞先生提出了批评，认为事实不是这样的，这些人可能有点侠客的品，但生活中根本不是侠；他还将东方的侠与西方骑士做了比较，西方的骑士依附于封建，而东方的侠恰恰是摆脱封建后才出现的。我们在前面已经讲过，中国古代的士、侠正是在西周礼乐文明解体后涌现出来的，他们无任何依靠，流离失所。西方的骑士托身封建，是个完整的阶层，而且很受尊重；东方的侠是游侠。"游侠"这个词被史迁用得太好了：侠是从某种体制中游离出来的一部分人，难以构成一个独立的阶层，始终处于一种生活的漂浮状态。

侠有任侠与游侠之分。游侠是单兵独将，一个人行动，我们已经讲过的五大刺客，就是如此。有些人做大了，影响也大，团结了一些人，像战国四君子一样养士，支撑起一个团队，不需要事事亲自动手，这样的人就叫任侠，对于朝廷来说，最头疼的就是任侠。比如郭解，很多少年钦慕、模仿他，以能给他办点事为荣耀，他从游侠变成了任侠。

朝廷从什么时候开始打击侠的呢？商鞅在秦国变法，就有明确的打击侠的规定。战国前期，还没有明显分离出来的侠，已经开始脱离农业，不以土地作为生存的支撑了，这不利于"耕战"国策的实施。战国时各诸侯国养的士分为学士（孔子推崇的"担道"之士）和游士。而商鞅本人也曾是一个游士。秦始皇完成统一后，就完全禁绝游士了。侠与政治专权是难以协调的。朝廷一直就对侠忧之惧之，当政治集团自身趋于稳固时,就要打击甚至消灭侠了。

有人说中国曾经存在着一个侠的阶层,但杨联陞先生说没有。后来的侠义文学,一直到金庸的武侠小说,为什么那么受欢迎呢?因为后来的侠象征着普通百姓的那种无依无靠。儒家从"举贤良"开始就有了担任官职的出路,儒生们依附政治,进入政治,以求安身立命。这是史迁写作《儒林列传》的主题。之后的九品中正制、科举考试,都与侠无干。所以,侠不可能是一个实在的阶层,因其有着久远的传统,而成为普通下层人理想生活实现的心理力量,侠的文化在草根中得以延续。

史迁对董仲舒的教化论不感兴趣。教化论是要把最底层人心灵世界里的侠彻底灭掉。像荆轲是有文化的,像孔子是有抱负的,他们不愿往下流落,成了游侠,成了老百姓眼中的明星。他们虽然不是一个阶层,却成为普通百姓凝聚理想、寄托希望的对象,乃至于只要有点侠的味道的人,都被老百姓称为大侠。比如嵇康,他"菲薄周孔",人们就说他有侠的味道,可朝廷连这种人也不能容忍,嵇康被杀掉了。

洞穿这个历史真相,我们才可能理解史迁《游侠列传》一开篇的那句话:

> 韩子曰:"儒以文乱法,而侠以武犯禁。"二者

皆讥，而学士多称于世云。

这句话揭示了朝廷打击侠的大背景。战国时，各国纷纷变法，关键就是破除封建，施行耕战国策，耕战国策不允许游侠的存在。法家只针对侠吗？不是！除了禁绝侠，还要禁绝儒生，禁儒更甚于禁侠。《商君书》里就有明确的记载，商鞅把儒家讲的仁义礼智信比作虱子。为什么儒家让法家那么恼火？因为他们讲的就是亲亲尊尊、身份等级那一套封建的东西，这不利于战争积极性的调动，儒家是耕战国策实施的最大障碍。变法必须突破血缘伦常，而将所有一切都换算成功利因子予以考量。

韩非是法家的集大成者，行文冷峻、理智、实在，没有空话。史迁引用的那句话出自韩非名篇《五蠹》，"五蠹"之中，首先就是儒家，其次就是侠，之后是纵横家、患御者、工商之民。这句话完整的表述是：

> 儒以文乱法，侠以武犯禁，而人主兼礼之，此所以乱也。

韩非的历史意识很强。诸侯各国国君不是都在养士吗？里面不是都有儒有侠吗？韩非检讨了整个春秋战国时代的风尚，认为如果还坚持养士,帝国政制是无望建立的,诸侯国甚至自身都难保。他既是在讲历史,也是在讲现实。他和李斯都是荀子的学生,儒家出身,对儒家了如指掌,他用这句话诊断了春秋战国时代的根本病症。

史迁是史家,他引韩非这句话作为开篇,究竟何意?"二者皆讥",意在当朝。当朝对于儒和侠,取其一而否另一,取儒而否侠。他说:

> 至如以术取宰相卿大夫,辅翼其世主,功名俱着于春秋,固无可言者。

"宰相卿大夫"是有明确所指的,宰相是公孙弘,卿大夫是张汤这些人,这些人都是以儒自居。张汤是个酷吏,公孙弘是个道貌岸然的人,最后坚持要杀郭解的就是公孙弘。本来,在韩非看来,儒、侠都是要不得的,可儒在史迁的当朝走红了,侠的命运却很糟糕。儒在当朝红到什么程度呢?连儒门里不着调的、莫名其妙的人都红了。

史迁抚今追昔:

> 及若季次、原宪,闾巷人也,读书怀独行君子之德,义不苟合当世,当世亦笑之。故季次、原宪

终身空室蓬户，褐衣疏食不厌。死而已四百余年，而弟子志之不倦。

这是儒的历史，而儒生正在当朝变身。而侠又如何？

> 今游侠，其行虽不轨于正义（按：此处之"正义"，合于时宜的评价标准也），然其言必信，其行必果，已诺必诚，不爱其躯，赴士之厄困（意即侠是没有功利的，不自私的，真的是救人于危难），既已存亡死生矣，而不矜其能，羞伐其德，盖亦有足多者焉。
>
> 且缓急，人之所时有也。太史公曰：昔者虞舜窘于井廪，伊尹负于鼎俎，傅说匿于傅险，吕尚困于棘津，夷吾桎梏，百里饭牛，仲尼畏匡，菜色陈、蔡。此皆学士所谓有道仁人也，犹然遭此灾，况以中材而涉乱世之末流乎？其遇害何可胜道哉！

史迁的意思是，从舜开始一直到孔子，这些人身上都有侠的影子，但为什么后来儒与侠，命运会不一样呢？难道侠对于社会真的无意义吗？他用反讽的语调指出，就连这些身具游侠气质的人，在生活中都有困顿的时候，何况一般老百姓呢？何况那些从封建中游离出来的人呢？谁去救护那些命运更糟的人呢？在史迁看来，任何时代都有游侠存在的必要，任何时代都应该有游侠存在的空间。

> 鄙人有言曰："何知仁义，已飨其利者为有德。"故伯夷丑周，饿死首阳山，而文武不以其故贬王；跖、蹻暴戾，其徒诵义无穷。由此观之，"窃钩者诛，窃国者侯，侯之门仁义存"，非虚言也。

这里，史迁毫不掩饰自己的悲愤之情。当朝儒生讲的那些仁道、圣王、忠臣，老百姓（鄙人）看得透透的：不就是一帮利禄之徒吗？伯夷、叔齐饿死在首阳山，是有德行的，可你们有吗？现实不过是成者为王败者为寇，谁当了王谁就"仁义"了。可老子说过：

> 失道而后德，失德而后仁，失仁而后义，失义而后礼。

这些当朝儒生难道不知道？只是获得了好处而装聋作哑罢了。史迁对当朝的批评已经不加任何隐晦了。

刘若愚先生探究了史迁追问的问题：侠的社会功能与作

用到底是什么？为什么游侠的观念始终存在？政治不可能包揽社会的一切，社会里总还有非政治、非政府的力量存在，而且是可以与政府力量配合的，关键在于如何配合。社会是需要侠的，有些事就得由侠去做，朝廷反而不好办。有种说法叫"游资"，意指社会本身滋生的资源，但人们常以无政府主义视之，进而将其屏蔽掉。可游资又不断寻找自身的生存空间，最后就变成《水浒传》里的那些人，他们其实已经不是侠了。宋江、李逵、武松哪里还是侠啊！是侠也是变了形的侠。刘若愚先生对此的讨论是有意义的。还有心理资源的问题：为什么侠在民间文艺里始终灭不掉？因为有社会心理的需求。政治越专制、越集权，离底层社会就越远，民间对侠的渴望就越强烈，而最容易得到满足和发泄的方式就是文艺了。人们喜欢喝着大碗茶听相声和评书，那些说书艺人谁不带有一点侠气？他们的曲艺作品里游侠的成分是很重的，曲艺要是离开侠就一点也不吸引人了。

其实，史迁想说的就是当朝打击侠是有问题的，应该给这种游资提供生存空间，朝廷自身是不能完全充实这个空间的。

史迁儒侠对举，命运对照，尤其重点记述当朝儒屏蔽侠的事实。在我看来，他更在乎的是对个性的屏蔽——文明的强大生命力因此而被严重伤害了。所以，史迁很感慨：

> 自秦以前，匹夫之侠，湮灭不见，余甚恨之。

有人说是史迁自己遭遇不济，没有侠来帮他，写《游侠列传》实际上在表达：如果我能遇碰到侠，不就不必遭此侮辱吗？要是郭解还活着，估计他很快会找六百斤铜帮史迁赎身的。我们不否认史迁可能存有这种情绪。《史记》是生命的赞歌，不是唱高调的道德说教；史迁本来就是带着鲜活的生命体验走进历史、诉说历史的，和后世官家修史不一样。

问题当然远不止于此：

> 以余所闻，汉兴有朱家、田仲、王公、剧孟、郭解之徒，虽时扞当世之文罔，然其私义廉絜退让，有足称者。名不虚立，士不虚附。至如朋党宗强比周，设财役贫，豪暴侵凌孤弱，恣欲自快，游侠亦丑之。

至此，史迁显然已经走出个人遭遇的情绪，他在思考侠的社会功能与意义，所以他说：

> 余悲世俗不察其意，而猥以朱家、郭解等令与暴豪之徒同类而共笑之也。

朱家、郭解这种人竟然被人们视同土豪，而加以嘲笑，岂不哀哉！

人类文明的确需要荆轲、郭解这样的大侠。大侠是个性的象征，是鲜活生命力的象征，他们自我孕育、自我展示、自我证实、自我守护，展示了最恢宏的生命气象。史迁远比诸子百家高明的地方就在于，他通过历史的叙事揭露了华夏文明演进中个性被压制甚至被消灭的真相。他提出了春秋战国以来社会转型中政治体制重构所面临的一个关键性问题。

在《游侠列传》中，史迁对其当朝儒学极尽嘲讽之能事，一开篇就引述韩非子的论断，便足以表明他对儒家治国与法家治国都持警醒和批判的立场。

（九）

《游侠列传》的总序，核心就是儒与侠的对举。儒与侠在史迁当朝命运殊异：儒上升为帝国思想，不再"栖栖遑遑"了；侠的命运却是越来越悲惨。

朱家与高祖刘邦同时代，也是大汉朝的见证人。大汉朝开国时，儒家虽没有立即登堂入室，但儒生在陈胜吴广首义时就以为自己的时代到来了，那个时候就有很多儒生投奔陈胜吴广的起义部队，刘邦和项羽身边也有很多儒生。大汉朝建立以后，儒家虽然没有立即成为帝国思想的主流，但也没受到压制和打击，陆贾、贾谊等人摇旗呐喊，不遗余力。在韩非那里侠是"五蠹"之一，可儒也一样，还排在第一位，然而到了大汉朝，却是侠的命运一天不如一天，最终走进了死胡同。

> 鲁朱家者，与高祖同时。鲁人皆以儒教，而朱家用侠闻。

鲁是项羽的封地，《项羽本纪》中记叙说：

> 项王已死，楚地皆降汉，独鲁不下。汉乃引天下兵欲屠之，为其守礼义，为主死节，乃持项王头视鲁，鲁父兄乃降。始，楚怀王初封项籍为鲁公，及其死，鲁最后下，故以鲁公礼葬项王谷城。

我们说，侠客在本纪中的支撑是项羽，而朱家就在项羽的封地。这个人很厉害，行侠仗义，救了很多人的命，其中不仅包括有头有脸的能人，还包括了很多平常人家。史迁特别讲到，朱家救了一个了不起的人，就是季布。项羽失败后，朱家就把项羽的干将季布藏起来了，后来高祖不仅没杀他，还给他封侯了。季布没被处决反而获得封赏，朱家并没有任何邀功请赏的意图，见着季布就立即躲开，两人再也不见面了。此事见于《史记》中的《季布栾布列传》。侠客之为侠客，绝无功利企图，朱家是典型的侠客。其实，朱家家里并不富裕——

> 所藏活豪士以百数，其余庸人不可胜言。然终不伐其能，歆其德，诸所尝施，唯恐见之。振人不赡，先从贫贱始。家无余财，衣不完采，食不重味，乘不过软牛。专趋人之急，甚己之私。既阴脱季布将军之厄，及布尊贵，终身不见也。自关以东，莫不延颈愿交焉。

他与季布的故事鲜明地体现出侠的纯正品质。在整个中原大地上，朱家的名声非常大。

高祖刘邦是楚人，从东入关，后取得楚汉之争的胜利，开创大汉朝，他最初想定都洛阳，后经萧何、张良谋划而新建长安都城。刘邦当了皇帝后回到故乡，还写了《大风歌》，像土豪一样地耍威风、显摆、炫耀，他要震慑天下。而朱家这样的人，在中原大地上竟然有这么大的影响，"自关以东，莫不延颈愿交焉"。这里实际上挑明了中央皇权与江湖侠客的对立。

史迁接着写的几个人都是延续朱家的传统,显示出侠客的气质和影响在民间广泛渗透——

> 楚田仲以侠闻,喜剑,父事朱家,自以为行弗及。田仲已死,而洛阳有剧孟。周人以商贾为资,而剧孟以任侠显诸侯。吴楚反时,条侯为太尉,乘传车将至河南,得剧孟,喜曰:"吴楚举大事而不求孟,吾知其无能为已矣。"天下骚动,宰相得之若得一敌国云。剧孟行大类朱家,而好博,多少年之戏。然剧孟母死,自远方送丧盖千乘。及剧孟死,家无余十金之财。而符离人王孟亦以侠称江淮之间。

这种影响广泛渗透的结果,就是遭到朝廷的打击。以皇权为中心,儒是尽心靠近皇权,侠则游离之,至少在主观上没有向皇权靠拢的意图。这就解释了儒、侠在汉帝国完全不同的命运走向。

> 是时济南瞯氏、陈周庸亦以豪闻,景帝闻之,使使尽诛此属。

文景时期，我们都知道出现了所谓的"文景盛世"，打击侠也正是在这个时候。

人们讲"文景之治"主要讲两个方面：一是经过550年的战争，民生凋敝，汉初采行黄老无为道术，和平安宁的局面已经出现；二是在法律制度上，比如文帝时期仓公案件导致的废除肉刑、采用新刑制。史迁对此做了记叙。我们去看文、景二帝的本纪，史迁的笔法值得注意。文帝的本纪，史学界有人认为是史迁的父亲司马谈所写——且不管如何，总是史迁最后统一定稿的。而景帝的本纪，则属于《史记》中"有目无书"的十篇之一，原文丢掉了。有种说法认为，汉武帝看到史迁写的《今上本纪》和史迁父亲写的景帝的本纪，很生气，给毁掉了。也有学者倾向于认为，通行本《史记》中的《景帝本纪》还是出自史迁之手。假如是出自史迁之手，那么他对无为而治的记叙，包括所谓的废除肉刑，施行开明刑制的记叙，就显得过于简略了。

《孝文本纪》把文帝写得很开明、很贤能，是个有德行的皇帝，甚至是仅次于尧舜的理想型帝王。夏商周三个本纪，涉及儒家赞颂的三代圣王。尤其对文武周公，史迁确实没有给予多高的评价，似乎认为他们没什么德行可言。尽管"道统"这个说法要到韩愈时才出现，但在董仲舒讲述的故事中，文武周公都已经是圣王了。问题在于，在史迁笔下，即便是尧舜，也不符合当朝董仲舒讲的那一套：舜的个性就不是儒教教化的结果，他和项羽一样，是天生的。如果要追"踪"的话，舜是侠之谱系中第一个有鲜明个性的人。史迁的《游侠列传》唤起了我们对舜和项羽这些人的强烈历史记忆，其内涵绝然不同于儒家所述。在舜以后，史迁赞赏的帝王，比如文帝，应该都和舜、项羽一样，具有侠客的精神品性。那么，文帝有没有侠性呢？有。文帝的继位似乎是命运的安排——按制度是不由他继位的，是吕后执政和灭吕等一系列事件的结局，是阴差阳错的结果。这样的一个人当政，其所施行的轻徭薄赋、废止肉刑、与民休息等措施，实际也可以看作侠客之举。那时儒家还没有正式登场，显然不是受儒家的影响，也不好说是"黄老无为"之术的影响——文帝更是侠的"有为"。当然，我们强调的是个体性的精神品质，作为皇帝，文帝自然有不同于侠客的政治家的行为逻辑。

在景帝身上，侠性已经荡然无存了，尽管其政策法令几乎袭自文帝。《孝景本纪》基本上是文书档案，很少有史家的阐述。从不多的文字叙述来看，景帝是个什么样的人呢？阴毒得狠，尤其在处理"七国之乱"时表现出来的"德行"，让人害怕。"七国之乱"从文帝朝就开始了，贾谊就曾上书，认为这是天下秩序的一大隐患，要慢慢消除。与贾谊同时的晁错是景帝的老师，景帝是怎么对待老师的呢？一点侠性都没有！晁错是把生死都献给刘氏江山了，绝无二心，绝对忠诚，景帝也承认，可七国乱了以后，景帝杀了自己的老师。那通表演好像预示着新的时代精神就要登场了：玩阴招，不坦诚，毫无侠性。景帝当然不是儒家，也绝对不奉行什么"黄老无为"，他很是积极有为的。

在这个过程中，侠完蛋了，儒生则等着机会的到来。重要的问题是，文景时期，尤其景帝一朝，除社会民生不错外，在政坛内部、刘氏高层，争权夺利、互相算计已经非常激烈了。孕育侠性的土壤已经很贫瘠了。儒家不就讲究君君臣臣嘛！在景帝朝，君臣不和、互相内斗的乱象已经凸显，解决这个问题，可是儒家的长项，而侠客根本无能为力，甚至会使这个矛盾加剧。

侠客的德行和汉儒的德行绝然相反，郭解身上体现得最为明显。这里又是儒侠对举，但二者存有共同的东西：修身。孔孟以来一直都讲修身，到了《大学》，"修齐治平"的三纲八目，关键就在修身。侠也讲修身。郭解和朱家还不一样，朱家一上来就显得很成熟、沉稳，隐去了修身的过程，而郭解的成长却与修身相伴随。郭解年轻时，不注重修身，完全是个小流氓，长得也不怎么样，一副暴徒形象——

郭解，轵人也，字翁伯，善相人者许负外孙也。

> 解父以任侠，孝文时诛死。解为人短小精悍，不饮酒。少时阴贼，慨不快意，身所杀甚众。以躯借交报仇，藏命作奸剽攻不休，乃铸钱掘冢，固不可胜数。适有天幸，窘急常得脱，若遇赦。

他后来开始修身了，开始反思了，检点，谨慎，成了一个君子，达到了以德报怨、厚施而薄望的境界——

> 及解年长，更折节为俭，以德报怨，厚施而薄望。然其自喜为侠益甚。

这正是朝廷号召天下学儒的时候，可郭解没有"自喜为儒益甚"。儒侠对举，没有一点混乱——

> 既已振人之命，不矜其功，其阴贼著于心，卒发于睚眦如故云。而少年慕其行。

试想，一个年轻人，会发自本心选儒还是选侠？在武帝朝，更多年轻人愿意做侠客，不愿做儒生。忠臣、孝子、良民、顺民之类，鲁迅先生说得直白，不过是奴隶性格罢了，不是生命的本相，并非天生如此。

郭解的修身，与汉儒讲的修身是不一样的——

　　而少年慕其行亦辄为报仇，不使知也。解姊子负解之势，与人饮，使之嚼。非其任，强必灌之。人怒，拔刀刺杀解姊子，亡去。解姊怒曰："以翁伯之义，人杀吾子，贼不得。"弃其尸于道，弗葬，欲以辱解。解使人微知贼处。贼窘自归，具以实告解。解曰："公杀之固当，吾儿不直。"遂去其贼，罪其姊子，乃收而葬之。诸公闻之，皆多解之义，益附焉。

　　解出入，人皆避之。有一人独箕倨视之，解遣人问其名姓。客欲杀之。解曰："居邑屋至不见敬，是吾德不修也，彼何罪！"乃阴属尉史曰："是人，吾所急也，至践更时脱之。"每至践更，数过，吏弗求。怪之，问其故，乃解使脱之。箕踞者乃肉袒谢罪。少年闻之，愈益慕解之行。

　　洛阳人有相仇者，邑中贤豪居间者以十数，终不听。客乃见郭解。解夜见仇家，仇家曲听解。解乃谓仇家曰："吾闻洛阳诸公在此间，多不听者。今子幸而听解，解奈何乃从他县夺人邑中贤大夫权乎！"乃夜去，不使人知，曰："且无用，待我去，令洛阳豪居其间,乃听之。"

郭解的修身,涵养的是社会治理的德行与智慧。

然而,郭解修身愈好,朝廷愈是放心不下——

> 及徙豪富茂陵也,解家贫,不中訾,吏恐,不敢不徙。卫将军为言:"郭解家贫不中徙。"上曰:"布衣权至使将军为言,此其家不贫。"解家遂徙。诸公送者出千馀万。轵人杨季主子为县掾,举徙解。解兄子断杨掾头。由此杨氏与郭氏为仇。

他先把母亲安置在夏阳,然后过黄河,逃命去了。他一路留下自己的行踪,要追踪他是很容易的。一个叫作籍少公的人,为保护他,竟然自杀,以断绝有关其去向的消息。天下那么多人都愿意为他付出,因为他愿意为天下人付出。郭解的修身毫无教训意义,从不带给别人道德上的压力,却有沁人心脾的巨大影响力和感召力。

最后,郭解被抓了,被杀了——

> 穷治所犯,为解所杀,皆在赦前。轵有儒生侍使者坐,客誉郭解,生曰:"郭解专以奸犯公法,何

谓贤！"解客闻，杀此生，断其舌。吏以此责解，解实不知杀者。杀者亦竟绝，莫知为谁。吏奏解无罪。御史大夫公孙弘议曰："解布衣为任侠行权，以睚眦杀人，解虽弗知，此罪甚于解杀之。当大逆无道。"遂族郭解翁伯。

儒与侠本是同源，其最初的命运，在法家那里也是一样的。到了大汉朝，儒渐渐步入阳关大道，侠却走上了不归路。在此过程中，儒对于侠所起的作用类同于法家。

> 太史公曰：吾视郭解，状貌不及中人，言语不足采者。然天下无贤与不肖，知与不知，皆慕其声，言侠者皆引以为名。谚曰："人貌荣名，岂有既乎！"於戏，惜哉！

史迁表达了自己对于侠的最大惋惜，也表达了对于当朝儒生的最大惋惜。在立场上，史迁反儒颂侠，毫不含糊，非常清楚。

梳理了文本之后，我们再总结如下几点：

第一，就修身而言，史迁清楚地将儒与侠对举。儒与侠都注重修身，注重个体人格之自我塑造，但方向上是不同的：侠趋向阳刚，儒走向阴柔。汉儒亲近皇权而修身，低眉折腰，不可能涵养阳刚气质。

第二，从文帝、景帝到汉武帝，帝国政治对侠与儒的态度，反映了人们对专制权力的恐惧心理。侠因此而民间化、文学化了，儒生则怀抱恐惧而亲近权力，向皇权靠拢，心甘情愿成为专制皇权的奴仆，虚伪成了基本的生存技巧。

第三，郭解救了很多人，包括有德行和没德行的人，包括大人物和小人物，包括富人和穷人，他都救过。与此相对应，在倾慕他的人中，有真倾慕的，有假倾慕的，有真正敬仰侠而以行侠仗义为自己人生目标的，也有打着侠的招牌行骗的。同样，在儒家里，有真儒、大儒、纯儒，也有腐儒、瞀儒，这是荀子早就区分了的。这说明，无论是心向皇权的儒，还是游离皇权的侠，他们产生的政治文化环境是同质的。这是留给后世的一个难题。

在人类公共秩序的塑造上，没有永恒、至上、至真的东西存在。史迁强调变，所谓生生不息，是对生命及其尊严本身的敬重。所以，我们批判假儒或者赞赏真侠，不是单纯地美化侠，而是站在史家立场上，努力洞察公共秩序塑造的真相：永远在路上。

（十）

在法家那里，儒侠同属"五蠹"，被视为天下治理的危害，都是打击的对象。大秦之后，儒逐步交上了好运，侠则交上了背运。汉以来儒侠命运的不同反映出一个问题：把社会秩序完全寄托在法家所谓的法制之上，就既没有儒的发展余地，也没有侠的发展余地；如果寄托在专制皇权之上，儒将变成伪道，侠则走向死亡。

《大学》强调：

> 自天子以至于庶民，皆以修身为本。

所表明的是：政治就是人生，人生就是政治。这是儒家修身的基本方向。其实，孔子早就阐发了德礼政刑与个体人格塑造的关系：

> 道之以政，齐之以刑，民免而无耻；道之以德，齐之以礼，有耻且格。

当侠游离于政治和皇权的时候，最有可能的出路是艺术，每个侠的人生都极富个性，都是艺术品。儒是政治人生，侠则是艺术人生。在任何时代,人们弘扬儒学,都要警惕其与权力的勾连,不是强调政治儒学,而是将其从权力欲望中解放出来;而侠也不应走向政治、靠近政治,侠不可能也不应该政治化,而要以艺术人生彰显个性,涵养非功利的纯粹生命感。只有做到这两点,儒与侠才能共谋共生。

说到政治社会的治理,我们要问:第一,治理主体,究竟是政治权力还是个体生命?第二,治理的对象,究竟是公共利益、善、福祉等抽象化、非人格的东西,还是一个个具体的生命和意志?社会治理,治理的是社会的病体还是社会的灵魂?侠关注的是灵魂,是非功利的,而儒尽管大谈德行,但关注的其实是身体,也就是利禄问题。史迁对待身体的立场,就像《扁鹊仓公列传》表露的:如果已经病入膏肓而不可救药,就应顺应自然法则让其死亡。在这一点上,史迁不是儒家,所以有"六不治",他赞赏的是侠的价值立场。

那么,史迁的"一家之言"究竟是什么?

就我们这里讲述的主题而言,一句话,史迁的"一家之言"就是反思儒学,就是反思其当朝以董仲舒为代表的政治儒学,也就是春秋公羊学。我们已经讲过的《项羽本纪》《刺客列传》《扁鹊仓公列传》《游侠列传》,都充分地体现了史迁的"一家之言"。

其实,在史迁的作品中,最鲜明地体现其价值立场的还是《孔子世家》。

《孔子世家》里的孔子,是一步步陷入世俗权力的泥潭,又在泥潭里挣扎、反抗,最后超拔出来、挺立起来的孤独者,具有侠客的品质。孟子、荀子都讲过孔子,但不过是演绎其思想,第一个为孔子作传的人恰恰是史迁,当儒家不再是栖栖遑遑的时候,史家为孔子作传,塑造了一个和董仲舒《天人三策》《春秋繁露》里绝然异样的孔子形象。

《孔子世家》读到最后,催人泪下。史迁饱含深情地写了一个一生追求、渐至苍老而拥抱孤独的哲人。哲人精神不死。史迁引《诗经》而赞曰:

> 高山仰止,景行行止。虽不能至,心向往之。

史家评定孔子乃"百家之宗",且回忆自己二十多岁时曾到曲阜,看到十余世过后,没有权势的加持,哲人精神仍在民间鲜活地存在着。

孔子最后梦醒,对华夏文明的历史长河做了正义的打量和灵魂的观照。

第六讲 孔子的文化英雄形象

老师们,同学们,大家晚上好!

我首先要谢谢泽刚老师的主持和介绍,谢谢两位嘉宾的参与,也感谢今晚来到我们草街读书会的老师和同学们!泽刚老师介绍时,说到"亲",我们真是心有灵犀,他一下子就为今晚的讲座点题了。今晚要讲的是史迁书写的孔子形象,主题实际上就是"回家"。

《论语·公冶长》记载:

> 子在陈曰:"归与,归与!"

周游列国途中的孔子,挥之不去的最强烈的生命感受是:回家。

可家在哪儿呢?

史迁在其史诗作品《史记》中塑造的孔子形象，正是一个行进在归家途中的孤独者，一个矢志不移求道的先知，一个渗透着悲剧意味的文化英雄。

孔子最后"回家"了吗？

（一）

在我看来，有两个巨大的身影笼罩着《史记》全书：一个是孔子，一个是秦始皇。

孔子，生活在春秋末期，战国时代即将拉开序幕；秦始皇，则是在战国时代结束之时的关键人物，他掀开了中华帝国历史的第一页。孔子希望在礼崩乐坏的时代背景下，唤醒人们对于三代礼乐文明的记忆，他希望人们"回家"；而秦始皇，为了真正意义上开创一个大帝国，并使其得以延续，则希望极力埋葬人们对于三代礼乐文明的记忆。也就是说，这两个巨大的身影，相互纠缠着，有着剧烈的冲突。正是这样的纠缠和冲突，使得整个《史记》呈现出了史诗般的品质和性格。

拉美作家博尔赫斯在他的一篇短文中讲过：秦始皇干的事情了不起，但也很愚蠢。对外，修长城还可能有一定成效；但对内，要消除人们对于过去的记忆，要在人们的心灵中建立一堵"防火墙",则可能永远也无法取得成功。进一步地,博尔赫斯很幽默地说:一个人在自己的菜园子里修个篱笆,然后树个牌子告诉别人"这是我的,你们就别惦记了"。这个事儿是可能做到的。但是,秦始皇要把几千年的文明记忆用一道篱笆圈起来,麻烦可就大了。

卡夫卡,博尔赫斯深受其影响的一位伟大作家,有一个著名的短篇叫《中国长城建造时》,里面写了某个时候的中国的某个皇帝——卡夫卡倒是没明说是秦始皇,因为中国历史上希望修筑长城的皇帝,实在是太多太多了——快要死了,他知道自己的长城没有修完,便拟了一道密旨,希望能够很迅速地传到帝国的各个角落,以使得长城修筑的工程在他死后得以继续。他费尽心机,挑了一位在他看来非常忠诚的信使,然后当着大臣的面,把这道密旨悄悄地告诉了这位信使,他怕信使没听清,还让信使贴着自己的耳朵复述一遍,确认无误后,便让信使即刻出发。可是,那个忠诚而孔武有力的信使怎么也走不出皇帝居住的一重又一重的巨大宫殿。夕阳西下,信使只能坐在窗前,望着宫殿之外的远方,静静地发呆,无可奈何地叹息。这里,卡夫卡要告诉我们的是,修筑长城这件事情,是永远也不可能完成的。

（二）

在史迁的当朝，汉武帝采纳了董仲舒的"天人三策"。其中有一策为"推明孔氏，抑黜百家"，也就是人们后来通常所说的"罢黜百家，独尊儒术"。至此，前面提到的孔子和秦始皇之间的冲突终于有了结果：似乎是孔子战胜了秦始皇，即儒家战胜了法家——"独尊儒术"。

但是，在史迁看来，事情没有那么简单。虽然孔子被他的当朝捧上了祭坛，可史迁看到的是，担当记忆的孔子在帝国的香火熏烤之下，承载记忆的功能在衰竭。史迁看不到被捧上祭坛的孔子的微笑，相反地，他仿佛看见了孔子被严重扭曲之后的苦楚。打这个时候起，一个真正意义上的孤独者形象，就在史迁的心里清晰起来了。

我们知道，史迁没有在《史记》中为当朝的立法者、提出"天人三策"而力主"罢黜百家，独尊儒术"的董仲舒单独列传。这个问题，我在讲"立法者的精神气象"时，专门讲过。史迁看得很明白，尽管董仲舒天天把孔子挂在嘴上，更在其春秋公羊学的著述中标举孔子的大旗，但他实际上不过是在完成秦始皇的未竟之业。

我们也知道，把秦始皇永久地钉在历史的耻辱柱上的那件事，被后世儒生称为"焚书坑儒"。对于这件事，史迁作了非常详细的记述，但他没说"焚书坑儒"。焚书是事实，坑杀敢于违反焚书令的人也是事实，问题是坑杀的并不全是儒生，这些被坑杀的人当中，有相当一部分是为秦始皇访仙、求长生不死之方的术士和方士。但是，如果我们要为这件事情——焚书坑术士——定性，说它是"焚书坑儒"，想必史迁也是同意的，不会反对，因为在他的记述当中，秦始皇同意李斯的建议而焚书的当时，选定的帝国接班人公子扶苏，在朝廷上公然提出了他的反对意见。史迁实录了公子扶苏的反对意见：

> 天下初定，远方黔首未集，诸生皆诵法孔子，今上皆重法绳之，臣恐天下不安。唯上察之。

从扶苏的谏言来看，他是明白的，"焚书坑术士"这个事，实际上牵扯的背后关键人物是孔子。所以说，把秦始皇钉在历史的耻辱柱上的"焚书坑术士"，被定性、表达为"焚书坑儒"是可以的。

公子扶苏在朝廷上提出了这样一种反对意见，当然令秦始皇勃然大怒，并因此受到了惩罚。问题在于怎样惩罚他的呢？我们都知道，秦始皇很残暴，他剿灭山东六国，完成了战国时代大乱局的收拾工作，杀几个亲人其实也不算个事儿。再说他儿子多着呢！秦始皇有三十多个儿子，杀一个扶苏，没什么问题，帝国还有接班人。事实上，好些罪行远比扶苏轻的人，秦始皇眼睛都不眨一下，就给扔进鬼门关了。这种事没少发生。可他给予扶苏的惩罚不是杀头，也不是关起来，而是派往北边正在修筑长城的蒙恬将军的军营中，去做监军。这样的一件事，这样一种惩罚方式，是值得我们读《史记》时仔细琢磨的。

这个秦始皇聪明得很啦！公子扶苏的意见，其实他是非常明白其中要害的。这就是我们前面提到的，他之所以要去埋葬别人对于过去礼乐文明的记忆，恰恰是因为他自己对于过去的记忆太深刻了。换言之，他也知道通过"焚书坑术士"之类的举措，是很难达到消除人们记忆的目的的——真的很难很难，所以他没有杀害公子扶苏。在他第五次巡游天下的途中，秦始皇已经病得不行了，那年他49岁，在奄奄一息之际，他最着急的事，就是尽快赶往北边蒙恬将军的营中，亲手把帝国大权交给公子扶苏。我们说，他把公子扶苏派往北边去做监军，真正的意图其实是保护公子扶苏，让他暂时脱离咸阳，也就是当时的首都——这是个是非之地。当时大秦军队的主力就放在北边，在蒙恬将军的统领之下，而蒙恬将军和公子扶苏的关系一向很好。所以秦始皇一定是保护他，不会是惩罚；如果是惩罚，他就不担心公子扶苏谋反吗？那不是放虎归山吗？不是这样的。结果呢？秦始皇的这样一个意愿没能实现。他死在了一个叫作沙丘平台的地方，沙丘平台就在现在的河北省邢台市广宗县大平台村南边。在这么一个交权的重要时刻，父子两人却是分处两地，他没有一位忠诚的信使，能够把自己的旨意准确传达给扶苏。赵高不用说了，秦始皇也不可能选他为信使。那位曾经辅佐他收拾了山东六国、结束战国乱局的重臣李斯，也不可能是一位忠诚的信使。扶苏公子后来被杀掉了，蒙恬将军也完蛋了，很快地，大秦帝国也崩塌了。

史迁和所有儒生一样，是非常厌恶大秦暴政的。在《史记》中，他为对大秦首先发难的陈涉单独作传。估计在当时当地人们的眼里，这就是个好吃懒做的混混儿，但他首先发难，星星之火引发燎原之势，各路反秦大军纷纷登台亮相。他为陈涉单独作传，却不为当朝那么显赫的思想者董仲舒单独作传。作传就作传吧，《史记》有七十列传，他把陈涉的传放在哪儿了呢？没有放在列传之中，放在了世家之中，使之成为三十世家之一。史迁为孔子当然也作了传，他非常崇敬孔子，他自己的抱负就是成为孔子第二。那么孔子的传放在哪儿呢？当然也不可能放在列传里，孔子的传也是放在三十世家里面的。也就是说，史迁对待陈涉，用的是对待孔子的规格。

史迁当然知道，真正掀翻大秦的是一个大英雄，他叫项羽。史迁特别崇敬大英雄，他对项羽的安排，是把他放在十二本纪当中。而且，项羽在十二本纪当中的位置，还在当朝的开创者刘邦之前——《项羽本纪》之后才是《高祖本纪》。

在史迁塑造的英雄群体中，如果要挑一些代表，那么，孔子可以说是文化英雄当中的佼佼者，项羽当然就是战争英雄中的执牛耳者了。孔子和项羽，这两位大英雄站立在两座巅峰之上，遥相呼应。

史迁的笔法是非常有意思的，我们之所以这么尊重他，是因为他并不进行过度的文学想象，《史记》的第一品质，就是"实录"，这得到了当时的另外一个大史家班固的承认。作为一个实录的作品，在写到项羽这个英雄时，特别有意思的是取材的问题。史迁告诉我们了，楚怀王初封项籍为鲁公，也就是说，项羽成了孔子故国的最高长官。我们都知道，项羽确实推翻了暴秦，但后来又发生了楚汉相争，在与刘邦争夺天下的过程中，项羽失败了，最后自刎乌江。自刎乌江以后，项羽曾经控制过的楚地的其他城池，都纷纷降了刘邦，唯独他做过鲁公的曲阜不愿意降，曲阜官民甚至愿意为项羽"守礼义，主死节"。因此，刘邦的大军只好把项羽的头提来，告诉曲阜城的父老乡亲们，你们的鲁公现在已经死了，所有的抵抗都没有任何意义了，这个时候曲阜的父老乡亲们才降了刘邦。这使得刘邦最后只能以鲁公礼厚葬项王，给了他一个蛮有尊严的礼遇。我们说，孔子与项羽这两大英雄在史迁笔下的这么一种缘份，真是意味悠长。这些材料是现成的，但换成另外一个史家，他可能完全不写这些。史迁自有其深意。

那么，深意何在？

（三）

据《史记·高祖本纪》的记述，大汉帝国的开创者刘邦对儒生的态度，一直是政治性的、策略性的、谋略性的。刘邦是不信儒的，他绝对不是儒学信徒，但是千万不要以为刘邦什么都不信。刘邦年轻时候确实跟陈涉差不多，但是他的见识、他的能耐都比陈涉强多了，他的克制力也比陈涉强。陈涉刚一举义旗，就开始称王了，就急于营建自己的宫殿，开始招揽宫女享乐了，结果是起事半年就完蛋了；刘邦也是一个贪财好色之徒，但他聪慧，运气也很好，先于项羽入了咸阳，一走进皇宫，美女、财宝让他顿时挪不开步，心里乐开了花，决定当晚就下榻后宫了，可一经樊哙、张良劝阻，他就克制住了自己的欲望——

> 樊哙、张良谏，乃封秦重宝财物府库，还军霸上。召诸县父老豪桀曰："父老苦秦苛法久矣，诽谤

者族,偶语者弃市。吾与诸侯约,先入关者王之,吾当王关中。与父老约法三章耳:杀人者死,伤人及盗抵罪。余悉除去秦法。诸吏人皆案堵如故。凡吾所以来,为父老除害,非有所侵暴,无恐!且吾所以还军霸上,待诸侯至而定约束耳。"乃使人与秦吏行县乡邑,告谕之。秦人大喜,争持牛羊酒食献飨军士。沛公又让不受,曰:"仓粟多,非乏,不欲费人。"人又益喜,唯恐沛公不为秦王。

刘邦很厉害,真性情,且悟性极高。他初入关中,就与关中父老约法三章,废除暴秦酷法。这是一种典型的道家精神。儒家一直倡导的繁文缛节的玩意儿,刘邦从来就没放在心上。大汉帝国开国以后,刘邦奉行的是黄老道术,与民修养生息,很快造就了"文景之治"。

到了史迁的当朝,那真的是大汉雄风傲世。可汉武帝在文景之治之后,采纳的是董仲舒的"推明孔氏,抑黜百家"的策论。就当时的政治实践而言,就大汉朝开国立国的思想传统来说,所谓"罢黜百家",其实就是抛弃了黄老道术,因为在那个时候,其他学说本来就已栖栖遑遑了。

史迁的父亲司马谈,是笃信黄老道术的。在《太史公自序》,也即《史记》的最后一篇中,史迁将其父亲的《论六家要旨》全文收录，其中有这样的论述：

> 道家使人精神专一，动合无形，赡足万物。其为术也，因阴阳之大顺，采儒墨之善，撮名法之要，与时迁移，应物变化，立俗施事，无所不宜，指约而易操，事少而功多。

这是对道家的论说。司马谈认为，道家兼容了当时所谓的诸子百家。他紧接着就说到了儒：

> 儒者则不然。以为人主天下之仪表也，主倡而臣和，主先而臣随。如此则主劳而臣逸。

这是对儒家的一个总体性评价。信奉道家的司马谈对儒当然也不是全盘否定，他有自己的独特判断：

> 夫儒者以六艺为法。六艺经传以千万数，累世不能通其学，当年不能究其礼，故曰"博而寡要，劳而少功"。若夫列君臣父子之礼，序夫妇长幼之别，虽百家弗能易也。

司马谈这样一种看法和论调，对史迁的影响是很大的。不过，史迁面对当朝"罢黜百家，独尊儒术"的国家战略，通过著史所表达出来的历史忧患，远比其父要细腻得多，要深邃得多。

无论是《老子韩非列传》，还是《孔子世家》，都记载了孔子向老子问礼的事情。孔子对老子是非常敬重的。现在根据中国古代关于天象的记录，比如什么时候出现彗星的记录，作科学的推算，大体上老子比孔子年长40岁左右。《孔子世家》写了孔子去向老子问礼的情形，孔子的年龄在《孔子家语》里面是有记载的，当时是34岁。这个时候孔子见到的老子，已经垂垂老矣，牙齿都已经掉了，老子善于养生，这种状貌表明他不会下于70岁。孔子这时候也是三十而立了，有了自己非常准确、笃定的内心判定。换言之，孔子这时候已经不是毛头小伙了，他拜见老子不是去追星，尽管老子那时候的确很有名望。去向老子问礼，无疑表明了孔子对老子的敬重。在《老子韩非列传》当中，孔子问礼于老子，在分手道别的时候，老子还谆谆教诲了孔子。孔子给他的弟子们就讲了：

> 鸟，吾知其能飞；鱼，吾知其能游；兽，吾知其能走。走者可以为罔，游者可以为纶，飞者可以为矰。至于龙，吾不能知其乘风云而上天。吾今日

> 见老子,其犹龙邪!

什么飞禽走兽,孔子自信都有办法将其降伏,把控它们没有任何问题,可是老子犹如龙,自己根本没有能力去把握他。孔子对老子的景仰之情溢于言表。

史迁之所以要写这些东西,还把老子与韩非同传,其实是要告诉人们,法家能够在战国的政治舞台上大显身手,其智慧的真正来源是道家;更要传递这样的历史信息给后世:他的当朝那些个叽叽喳喳的儒生们有点乱,不大明白道的章法谱系,而这一点他们的创始人孔子却是十分清楚的。所以在史迁看来,当朝儒生把孔子捧上祭坛,孔子是不会高兴的,孔子只会是越来越孤独。

(四)

史迁作《儒林列传》,就是要建构儒学传承的记忆谱系。但是这篇文章,却以悲叹的笔调开篇:

> 余读功令,至于广厉学官之路,未尝不废书而叹也。

所谓的"功令",指的是当朝颁行的一个法律文件:公孙弘上奏今上,"请著功令。佗如律令。""制曰:'可。'"其核心内容就是通过规定和落实利禄来刺激儒学。此举效果立现,史迁这样写道:

自此以来,则公卿大夫士吏斌斌多文学之士矣。

对这样一件令当朝儒生兴奋雀跃的大好事,史迁忧叹什么呢?

就在这篇《儒林列传》中,史迁实录了当朝大儒董仲舒的为学行状。我曾在"立法者的精神气象"中说过,但这里有必要复述一下。董仲舒治《春秋》,很认真,影响也很大,学生很多——"下帷讲诵"。而且,他因专心致志地研修学问,三年期间,自家后院花开了又谢,他都没去观赏过。他的学问里面有一种叫"灾异谴告"的东西,记录了很多灾异谴告的事例,正好这个时候有一件事发生:辽东的高庙给烧掉了。高庙就是各地修筑的祭祀刘邦、给他敬献香火的地方。按照董仲舒的说法,这件大事就是上天对当今皇上的一次提醒、警告。他当时正在写这方面的书,政敌主父偃就把他写的这个东西偷了出来。其具体过程,班固在《汉书》里为董仲舒作传,写得很详细。主父偃把它偷出来,献给了当今皇上。估计还说，您看董仲舒，在您面前说什么"罢黜百家，独尊儒术"，您对他这么好，可他一肚子坏水，他写这个书的意思是，高庙烧了，是因为您失德啊！汉武帝刘彻把书糊名，然后召集董仲舒的弟子们，还有其他一些饱学之士，一起来评议。董仲舒有个非常优秀的弟子，叫吕步舒，就发言了，用了两个字来评说此书："下愚"。翻译成我们今天的白话就是，再也没有比这个更胡说八道的胡说八道了。刘彻微笑着，让人打开糊名的书，大家才知道，这是大儒董仲舒的作品。武帝下令将董仲舒抓了起来，投入大牢，而且还是死牢。当然，武帝是不会杀他的，过几天，一道旨，或者传个口谕，赦免了他。问题在于，被赦免以后，董仲舒对之前玩得那么溜、那么神乎其神的一套灾异谴告学说，再也不敢公开讨论了。当时，与他同朝的另一个治春秋公羊学的大师，官也当得比他大的公孙弘，和他互相较劲，互相埋汰。公孙弘就向今上奏了一本，说董仲舒很能干，最好把他派到胶西王那儿去做师傅，武帝同意了。董仲舒到了胶西王那儿，胶西王对他很好，很尊重他——大学问家嘛！但他自己心里打鼓，很快就告老回家了。

《儒林列传》的开篇，叙述了孔子编修《春秋》的情形。董仲舒研修的公羊学，就是阐释《春秋》的微言大义，属于政治哲学。

史迁这样叙述孔子编写《春秋》时的情形：

> 嗟乎！夫周室衰而关雎作，幽厉微而礼乐坏，诸侯恣行，政由强国。故孔子闵王路废而邪道兴，于是论次诗书，修起礼乐。适齐闻韶，三月不知肉味。自卫返鲁，然后乐正，雅颂各得其所。世以混浊莫能用，是以仲尼干七十馀君无所遇，曰"苟有用我者，期月而已矣"。西狩获麟，曰"吾道穷矣"。故因史记作春秋，以当王法，其辞微而指博，后世学者多录焉。

我们把史家对董仲舒的记述，与对孔子当年编修《春秋》时的情形的记述，两厢对照，就不难明白史迁的忧虑之所在了。孔子直面礼崩乐坏的乱世，为了恢复正道，修复人们的记忆，而"论次诗书，修起礼乐"，尤其是基于批判时政的立场，而"作春秋"，是"担道"的文化英雄。而以董仲舒为代表的当朝儒生，不过是附庸风雅、装模作样、唯唯诺诺、尔虞我诈、口是心非、唯上是从的一帮利禄之徒罢了。史迁忧虑的是，当儒学和皇权合意、治学与利禄合谋、"六艺"演变成"六经"，为学者的心灵必定走向枯萎，思想必定走向荒芜，精神必定走向萎靡不振。孔子要呼唤的是文化记忆，他的呼唤引领了战国的百家争鸣；秦始皇要埋葬文化记忆，引起的后果，是令人义愤填膺的，所以史迁这样写道：

> 及至秦之季世，焚诗书，阬术士，六艺从此缺焉。陈涉之王也，而鲁诸儒持孔氏之礼器往归陈王。于是孔甲为陈涉博士，卒与涉俱死。陈涉起匹夫，驱瓦合適戍，旬月以王楚，不满半岁竟灭亡，其事至微浅，然而缙绅先生之徒负孔子礼器往委质为臣者，何也？以秦焚其业，积怨而发愤于陈王也。

秦始皇要消灭记忆，他引来的还有当时儒生的愤慨。可是，当朝的董仲舒策论"推明孔氏，抑黜百家"，从那个时候开始，没有了怀疑，没有了争鸣，好像是保留了记忆，其实是扭曲了记忆。记忆被扭曲了，文化创生的源泉和动力必将随之而枯竭。我在前面说过，史迁要表达的是，当朝大儒董仲舒"罢黜百家，独尊儒术"，实际上是在完成秦始皇的未竟之业。难道不是吗？我们都知道汉承秦制。汉王朝能延续很长时间，董仲舒这样的策论，还真是帮了大忙的。

（五）

史迁对以董仲舒为代表的当朝儒生真的很失望。他决意要继承孔子，挑战秦始皇。他首先要做的事，就是把孔子从汉儒的系谱当中解放出来。

史迁追忆战国时代的思想界是这样的：

> 猎儒墨之遗文，明礼义之统纪，绝惠王利端，列往世兴衰。作孟子荀卿列传第十四。

我们都知道，孔子曾告诫弟子们：

> 汝为君子儒，无为小人儒。

其实在战国时代，"古之学者为己"的君子儒精神，就在急剧地萎缩了。根源在哪里？就在于一个利字。《孟子荀卿列传》，实际上是战国诸子的合传，史迁不仅写了孟子、荀子这些后来被归为儒家的儒生，也写了阴阳学家三邹子，还写了法家，写了道家，最后落在了墨家——墨家在整个《史记》里就写了这二十多个字。而墨家提倡"交相利"，是反对战争的。史迁的这种写法是非常有意思的。

秦国恰恰就为了自身的利，而让法家大显身手，耕战国策在秦国的推行，也导致天下从此战火蔓延。战争的规模越来越大，对待战俘竟然采取坑杀的方式，且坑杀的人数越来越多，越来越无所顾忌，非常残忍。

所以，《孟子荀卿列传》一开篇，史迁是这样说的：

> 余读孟子书，至梁惠王问"何以利吾国"，未尝不废书而叹也。曰：嗟乎，利诚乱之始也！夫子罕言利者，常防其原也。故曰"放于利而行，多怨"。

然后，史迁有一个评价：

> 自天子至于庶人，好利之弊何以异哉！

史迁太厉害了，他不只洞察到战国时代的精神实质，而且看到了整个天下的未来：都是无不言利呀！

孔子的忧患就在于，那种"为己之学"的精神守不住了，为了利，学都成了"为人之学"，把学作为一种获取利禄的工具，即术。史迁告诉我们，这个趋势在战国的时候已经开始变成现实了，诸子之学其实就是围绕秦国所激发的恶暴，而提供的策论而已。战国诸子之学的实质就是策论，就跟董仲舒后来搞的"天人三策"一样。"为己之学"的存在空间越来越小,学的精神品质急剧变异,学而为利便成策论。

《孟子荀卿列传》一开始写孟子,很简洁,我们可以看到,孟子的形象是一个纯粹的理想主义者。史迁一上来就让孟子现身,让他唱了理想主义的挽歌,而且还唱得特别刺耳。孟子是那么的高傲,浩然正气充斥在《孟子》的字里行间。

秦始皇结束了战国,但他并没有能够扭转这样一个局面,他也压根儿没想要扭转这样一个局面。他竟然妄图埋葬人们的记忆,而独吞天下之利。就像博尔赫斯说的,有那么容易吗?这可不是你们家的菜园子,你修个篱笆,挂个牌子:这是我的啦!你就别惦记了!天下惦记利的人多着呢!

而史迁的当朝儒生们,因为利而难以避免"酷吏"人生的结局,不可能继承真正的孔子精神。《史记》七十列传的编排很有意思,《儒林列传》之后,紧跟着的一篇是《酷吏列传》,所写的酷吏没有一个不是天天把孔子挂在嘴上的儒生。其实,这样的人生结局,根据史迁的记叙,荀子的学生李斯,也就是建议秦始皇焚书坑术士的那个人,早已经预演了。李斯年轻的时候不富,他很想出人头地,他看到厕所里面的老鼠丑得很,而谷仓里面的老鼠白白净净、胖胖乎乎的,可以成为人们的宠物,所以他立志要成为仓鼠。这其实已经把史迁当朝一帮儒生作为利禄之徒的形象,鲜明地预演了一遍。

可是，董仲舒们已经没有历史记忆了。

史迁的意思是，孔子在战国时代就已经不属于任何一家一派了，而以董仲舒为代表的当朝儒生却拼了命地说孔子是自己的老祖宗，这合适吗？史迁写《史记》的一个重要目的，就是要辩证这个问题。秦始皇因为利而引来战火纷飞，打得不可开交，杀人眼都不眨，这是有意义的人生吗？这是人们需要的世界吗？史迁描画孔子这样一个巨大的身影，就是要告诉世人，就为了一点利而谈学问，谈精神，无异于扯淡。

秦始皇与孔子的对抗是鲜明的，这是《史记》撰写的一个基调，是演绎这部史诗的主要推动力。

（六）

《仲尼弟子列传》主要依据《论语》《孔子家语》撰成。史迁如是说：

> 学者多称七十子之徒，誉者或过其实，毁者或损其真，钧之未睹厥容貌，则论言弟子籍，出孔氏古文近是。余以弟子名姓文字悉取论语弟子问并次为篇，疑者阙焉。

他作古正经地强调真实性问题了,就是我们刚刚讲了的意思:史迁要解放孔子。他心目当中那个真实的孔子形象,在《仲尼弟子列传》中已是呼之欲出了。

在孔子的弟子中,颜回地位极高,极受孔子赞赏,孔子甚至说过自己都不及颜回。他曾经说,颜回啊颜回,你就是穷了点,你家里要是富裕的话,我都愿意到你们家去,给你们赶车啊!史迁在为颜回作传时,就引用了孔子对颜回的赞语:

> 贤哉回也!一箪食,一瓢饮,在陋巷,人不堪其忧,回也不改其乐。

"孔颜乐处"的人格境界十分鲜明。

《论语》记载孔子与弟子言志的场景,有好几处,史迁也引了。他在为曾点作传时,对《论语》中记载师徒言志最长的一段加以摘编:

> 曾字晳。侍孔子,孔子曰:"言尔志。"曰:"春服既成,冠者五六人,童子六七人,浴乎沂,风乎舞雩,咏而归。"孔子喟尔叹曰:"吾与点也!"

《仲尼弟子列传》的主要篇幅留给了子贡。子贡是个全

才,当时就有人说:"子贡贤于仲尼。"可是子贡反驳说:

> 譬之宫墙,赐之墙也及肩,窥见室家之好;夫子之墙数仞,不得其门而入,不见宗庙之美、百官之富。得其门者或寡矣,夫子之云不亦宜乎!

子贡的意思很清楚,你们瞧得起我子贡,不就因为我不像颜回那么穷吗?可这算什么呢!你们要能找到进入夫子精神世界的大门,就不会那样艳羡我了,天下不得其门的人太多了,没有几人能真正了解夫子啊!

《论语》当中称"子"的只有三个人,其中一人叫有若。《论语》记载了有子的三段话,放在《论语》开篇第二章的那段是:

> 其为人也孝弟,而好犯上者,鲜矣;不好犯上,而好作乱者,未之有也。君子务本,本立而道生。孝弟也者,其为仁之本与!

这段话太有名了,董仲舒这些人对这句话也肯定烂熟于胸。可史迁在为有若作传时,偏偏不引这一段在儒学中意义重大的话,另外两段话则照录。这难道是史迁的疏忽吗?绝不是！他为什么要这么做呢？很有可能是因为：儒学在史迁的当朝，由"为己之学"变成"为人之学"，变成了功名利禄的遮羞布，恰恰是与有子所倡导的这套东西有关。史迁继续写有子的传：孔子去世后，弟子们想念老师，有若长得很像孔子，于是把有若扶到了夫子的位置上，像对待孔子一样礼拜，有若竟然接受了，可对大家请教的问题，他却结结巴巴的，答不上来。一场闹剧而已。

《论语·八佾》有言：

> 天下之无道也久矣，天将以夫子为木铎。

孔子不是供人们梳妆打扮的人偶。此时，史迁心目中的孔子形象已经定格了。

（七）

《史记》之前，孔子形象蕴藏在众多文献之中：

《左传》中的孔子是一个能言会道的"君子"，见识高明，见解深透。

《论语》中的孔子是引领对话的老师，庄重、机智而又鲜活无比。

孟子称孔子为"圣之时者",《孟子》中的孔子主要是一个道德立法者的形象。

《庄子》中的孔子被赋予了寓言化的审美人生。

《荀子》中塑造了一个理智、冷峻甚至有几分冷酷的政治人物的孔子形象。荀子的弟子韩非在其作品中把这种形象刻画得淋漓尽致。

所有这些孔子形象,一直漂浮在从春秋末期到战国时代的思想文化长河之中,中经大秦帝国的焚书坑儒,而更加凸显,到汉武帝时,"罢黜百家,独尊儒术",漂浮的孔子形象凝聚起来了,也开始"伟大"起来了。

就在孔子开始成为大汉帝国一面伟大的思想旗帜的时候,史迁则默默地注视着这一切。他遵父命而立志完成一部史诗性的庄严史书,并将之命名为《太史公书》。史迁取材《左传》《论语》《孟子》《庄子》《荀子》《礼记》等文献,并加入他游历大江南北过程中的见闻,创造性地为孔子作了传,取名《孔子世家》。

鲁迅先生在其《汉文学史纲要》中,判定史迁的《史记》为"史家之绝唱,无韵之离骚"。这表明,史迁成就的是一部融历史与艺术之真义为一体的东方史诗。

说到史诗,人们肯定会想到荷马,他有两部作品,一部叫《伊利亚特》,一部叫《奥德赛》,人们习惯将其合称为《荷马史诗》，这是西方史诗最伟大的典范。史迁比荷马要晚出生数百年，在那个时代，他没有条件读到荷马的史诗，我的意思是他没有任何模仿的可能。我们现在来看《荷马史诗》和《史记》会发现，二者有很多惊人的相似，可以说史迁独自创立了东方史诗的典范，就像荷马这位盲诗人为西方创立了史诗典范一样。

我们都知道《荷马史诗》主要取材于战争，主角是战争英雄，无论是与赫克托耳作生死搏斗的阿喀琉斯，还是在《奥德赛》中踏上了归家之旅的奥德修斯。这些英雄都是武人，他们天生的爱好就是玩弄武器，武器是他们作为英雄的一个最为耀眼的标志。《荷马史诗》里，没有文人，即便像奥德修斯这样长于谋略的英雄，也仍然是一个武人，一个战争英雄。

在史迁创立的东方史诗中，除了作为武人的战争英雄，还有文化英雄。也就是说，在史迁的史诗里，英雄群体是由战争英雄和文化英雄共同构成的。作为战争英雄的佼佼者应该是项羽，项羽在《史记》中的地位是非常之高的；作为文化英雄的杰出代表无疑是孔子。在史迁刻画的英雄群体当中，项羽作为战争英雄的佼佼者，和孔子作为文化英雄的杰出代表，双雄并立。这是我多年来阅读《史记》最深刻的体会。这两位英雄都在中华民族的历史天空中留下了巨大的身影。后世人们主要把项羽放在戏台子上了，用各种剧本来描写、回忆这个英雄。作为文化英雄的孔子后来被放置的地方，人所共知，那比项羽要特殊得多。项羽和孔子，后来一个上了戏台，一个上了祭坛。无论是上了戏台，还是上了祭坛，通过读史迁的作品，我们能够感受到，史迁都觉得很不合适。

在《文学回忆录》中，木心先生专章讲了希腊史诗。他对《荷马史诗》的点评，可谓字字珠玑。在讲授《荷马史诗》的过程中，木心时不时地提到史迁的《史记》。他说：

> 对于太多艺术家气息的历史学家，我遗憾：何不去弄艺术？反之，考据气盛的人，我也反对。最理想的是司马迁。他是历史学家，有文学才能，但不多用，他知道。

他还解析了鲁迅先生对《史记》的论断：

> "史家之绝唱"，即历史真实性，是对客体的观察、凝想。"无韵之离骚"，即艺术的真实性。《史记》中最上乘最精彩的几篇，恰好合一，双重连接了这个标准，如《项羽本纪》。

木心非常真诚、笃定。当然，他在表达对荷马的那种无以复加的崇敬之情的同时，也对史迁进行了批评。而且他的批评一点都不羞羞答答，他说得很干脆，也很毒。他这么说的：

> 要说几句司马迁的坏话，他的伟大，是有限的，他的精神来源是孔老二，是儒家精神，用儒镜照史，是迂腐的。他能以孔子论照，何不以老子论照？试想，如果司马迁这面镜子不是孔牌，而是李牌，不是"好政府主义"，而是"无政府主义"，那么，以司马迁的才华气度，则《史记》无可估量地伟大。以唯物史观的说法，这叫做司马迁的"历史局限性"。

木心是文学家，用词特别讲究，他有时候称"孔子"，当表达他的不满时，便直呼"孔老二"。

木心说史迁的这几句"坏话"，说得无比聪慧，聪慧到了有些诡谲。试想想，史迁写作《项羽本纪》时，用的是"李牌"；而在写作《孔子世家》时，用的是"孔牌"——用孔子自己的精神来照孔子，多有深意啊！木心先生聪慧，聪慧得化不开偏见。其实，聪明人了不起的地方正是他的偏见，偏见才给人启示。史迁不也念念不忘孔子向老子请教这件事情吗？我们如果细细打量《史记》中的英雄群体，无论是作为战争英雄的项羽，还是作为文化英雄的孔子，都是悲剧英雄，无论是用木心所谓的"李牌"，还是"孔牌"，都能照出英雄的悲剧形象。我们这里不讲项羽，只说凝聚在《孔子世家》之中的孔子形象。史迁用"孔牌"照孔子，孔子不能出函谷关，尽管他懂得老子。史迁饱含悲剧情怀，以史诗笔调，撰写了华夏文明史上第一部孔子传记。对此，木心是了然于胸的。

（八）

英雄有高贵的血统，却生来屈辱而悲苦。《孔子世家》一开始就是这样写的：孔子的先祖是宋国贵族，殷商王室后裔。这个文化英雄的血统是高贵的，后来家道败落了，孔子的父亲叔梁纥，不过是一介武士而已。当然，叔梁纥也曾经做过陬邑大夫。问题在于孔子连这个武士身份也没能继承。孔子没有资格继承。叔梁纥本来有十来个孩子，但唯一的儿子是瘸子，他特别希望有一个健康的儿子，竟然在差不多70岁的时候，与大概十五六岁的颜氏女——颜征在野合而生孔子。这个文化英雄的出身够卑贱的了，一个私生子，叔梁纥的家族根本不承认。曲阜的尼山上有一个"夫子洞"，传说就是孔子的出生地，孔子幼年丧父，孤儿寡母曾经生活在这个山洞里。孔子在大约17岁的时候，母亲又去世了，成了一个真正意义上的孤儿。那时尽管已是礼崩乐坏，可整个社会却又紧紧扭住繁文缛节的礼仪不放。孔子为了让家族、让社会承认他的身份，竟然把母亲的棺材停在官府门口的十字路口，不安葬，希望知情人告诉自己父亲的墓地，他一定要将父母合葬，以为母亲和自己挣得身份。合葬双亲后，孔子还穿着孝服，恰遇季氏飨士，他就去了，急于向人们表明自己是武士的儿子，可被看门的挡在了门外，说"季子飨士，非敢飨子也"。其身份仍然不被人承认，孔子无奈默然离去。

然而，英雄生来就获授并担当天命。孔子一生下来就被礼仪抛弃，连个身份都没有，却自幼好学。《史记》中写道：

> 孔子为儿嬉戏，常陈俎豆，设礼容。

他很年轻的时候就成了礼仪大师，又因为学问好，精通礼，而且还敢于打破常规，在 30 岁不到的时候就开始授徒讲学了，成了中国历史上第一个开办私学的人，打破了学在官府的传统，这无疑是英雄之举。他一生杏坛挥鞭，弟子三千，贤徒七十二，孔子为那个时代，乃至后来华夏民族开辟了一条"下学而上达"的人生通道，非常了不起。在先秦诸多人物当中，最励志的人物无疑是孔子。

英雄当然是要救世的，他一定要在政治舞台上大显身手。

一个与政治无干的人不可能成为英雄。孔子最大的抱负就是从政:既然俗世把自己抛弃了,就决意学习礼,然后登堂入室,去主宰它。一个生来就无家可归、什么身份都没有的人,要登上政治舞台该有多难!孔子很能干,他后来告诉弟子们:

> 吾少也贱,故多能鄙事。

他什么都干过,连吹鼓手都干过,到了 51 岁才磕磕碰碰地进入政坛,作了中都宰,干得挺好,政绩卓著,很快就升官了,一直升到了鲁国的大司寇。他做了大司寇之后,甚至还代行相事,他要改变天下的结构,而"堕三都",得罪了"三桓"。这个时候,他稍微苟且一点儿不就行了吗?他偏不苟且,"堕三都"失败后,依然坚持自己的政治主张,唯一的出路就是离开鲁国。

他在 54 岁时带着弟子们,开始了长达 14 年的周游列国,成为了一个名副其实的流浪君子,从此颠沛流离,却一无所成。孔子结束流浪生涯,重返故国,已经 68 岁,垂垂老矣,他不再考虑从政的问题了。他在人生的最后五年,专心致志于典籍的整理和编修,为唤醒和守护文明的记忆而呕心沥血。

史迁在《孔子世家》中,书写了一个伟大的孤独者的一生,塑造了一个悲剧的文化英雄形象。

（九）

在周游列国的过程中，孔子师徒遇到了好些隐士类的人。之所以说是"隐士类的人"，是因为这类人是有层次之分的。隐者不留其名，文献便以其形迹记之。

师徒离开鲁国，刚到卫国不久，就遇上了一位隐士。那天，孔子在住处闲着无事，就击磬以怡情志，有一个担着草筐的隐者（"有荷蒉"）门前路过，听了孔子的磬声，说道：

有心哉，击磬乎！

这是个音乐行家，听出了孔子的心声，然后说道：

鄙哉，硁硁乎！莫己知也，斯己而已矣。深则厉，浅则揭。

他听出了孔子"硁硁"磬声并不宽缓，倒是颇为激越而偏狭，于是吟诵了《诗》中的"深则厉，浅则揭"（河深就干脆穿着衣裳过河，河浅才提起衣裳趟过），意思是既然没人了解自己，那就守住自己得了，何必幽怨！孔子隐隐觉得前景堪忧。

果不其然，他们在卫国不为卫灵公所用，继续前行，到过陈、曹、宋、郑、蔡、楚（负函）等国，颠沛流离，艰辛异常，收获的不过是一次又一次的失望。

在去楚国的途中，师徒遇到了楚狂接舆，他不仅对楚国的状况非常了解，而且对孔子的主张也颇为熟悉，他并不反感孔子，对孔子的政治理想也不明确否定，可他非常清楚楚国比起鲁国来也好不了多少。他迎接了孔子的车驾（"接舆"），跟孔子讲了楚国的实际情况，并奉劝孔子：你到楚国去也是白搭。他对孔子唱道：

> 凤兮！凤兮！

凤是一种吉祥的神鸟，它的现身意味着世之有道。可惜呀！——

> 何德之衰！

你难道对当今天下还抱有希望？你何苦颠沛流离、四处游说？——

> 往者不可谏，来者犹可追。已而！已而！今之从政者殆而！

那些从政者都已经没有办法了。孔子就从车里走下来,很想与这个隐者谈谈,可接舆"趋而辟之,不得与之言"。接舆撂下孔子,匆匆离去,不想再多说什么了。

他们继续前行,来到了河边,却不知渡口何在,幸好看见了两个邋邋遢遢、桀骜不逊的人(长沮、桀溺),也是隐者,孔子叫子路前去向他们探问渡口所在。长沮、桀溺在那儿耕地,子路客气地向他们说明了来意,希望他们告诉自己如何去渡口。长沮反问,那个驾车的人是谁呀?子路回答说是孔丘。他又问,是鲁国那个孔丘吗?子路回答说,是的。长沮接着说,既然是鲁国那个孔丘,那他就知道渡口何在了,他不是四处"布道"吗?又何必来问我呢?长沮这个隐士要说的意思是,"道"早已不行于天下了,现在哪儿都无"津",这一点孔丘难道不知道吗?他没再搭理子路。

子路只好转向桀溺打听渡口。桀溺问子路,先生你是谁呀?子路回答说自己叫仲由。桀溺问,你是孔丘的弟子吗?子路回答说,是的。桀溺接着说:

> 滔滔者天下皆是也,而谁以易之?且而与其从辟人之士,岂若从辟世之士哉?

他告诉子路,在这个混乱不堪的时代,你跟随孔丘这样的择国而居的人,想要避开混迹于世、不分善恶美丑的人,怎么可能呢?你应该跟随"辟世"的隐士啊!说完就不再理睬了,继续耕地。

子路没能打探到渡口何在,悻悻然,回到孔子身边,把与长沮、桀溺的问答告诉了孔子。孔子非常怅然,他望着前方,不知道该往哪儿走了,满心的失落。过了好一阵儿,孔子才说出了一句话:

> 鸟兽不可与同群,吾非斯人之徒与而谁与?

孔子并不是把隐士们比喻为鸟兽,他说的意思是,我们既然是人,追求人之为人,要成人,总不能老是处于自然状态而与鸟兽同群吧!现在虽然浊世滔滔,但我们总该努力而为之吧!我不能因为现在浊世滔滔、混乱无序,就不思进取,安顿于动物状态,只为了吃喝,那怎么行呢?这表明孔子既赞同隐士对他的评价,又表达了自己的现实选择:努力而为之。他说:

> 天下有道,丘不与易也。

假如天下有道，我孔丘又何必这么颠沛流离呢？！

有一天，子路和老师走散了，遇到一个担着竹筐的隐者（丈人），他问这个隐者是否看到自己的老师，隐者回答说：

> 四体不勤，五谷不分。孰为夫子？

子路拱而立，无言以对。因为天黑了，隐者留子路过夜，还盛情款待，"杀鸡为黍而食之，见其二子焉"。这就是说，这个老人也知道礼乐文明，也不反对，而且还非常讲究礼数；把他的儿子叫出来与子路相见，也表明这个隐者对孔子师徒倡导的礼乐秩序，其实是认可的，只不过断定这一切已经不现实了。所以，当子路把这件事告诉孔子之后，孔子有一个评价："隐者也。"这也许是孔子最为肯定的一种隐士。

孔子叫子路再去找这个隐士，而老人已经不在家了。子路就做了一个评价，与孔子说的"鸟兽不可与同群，吾非斯人之徒与而谁与？天下有道，丘不与易也"这句话，意思是相同的。子路的评价恰好揭示出了孔子话语的内涵：

> 不仕无义。长幼之节，不可废也；君臣之义，如之何其废之？欲洁其身，而乱大伦。君子之仕也，行其义也。道之不行，已知之矣。

孔子也知道，道之不行于天下，但是仍然要勉力而行，不过是为了不使礼乐精神丧失殆尽而已，假如自己洁身自好，不再努力，最终丢掉的就是大义。这是孔子所无法忍受的。

这其实也为有些隐者所理解。有一次，子路在一个叫作石门的地方过夜，清晨离开时，看守城门的人是个隐者（晨门），问他：你自何处来？子路回答说，从孔氏那里来。晨门说了一句可能让子路顿时心酸的话：

是知其不可而为之者与？

子路不止一次地质疑过自己的老师，甚至对老师发起过挑战，但又深深地敬仰着老师，他知道老师的确是一位"知其不可为而为之者"，是一个非常倔强的人，是为道而矢志不移的人。

明知其不可为而为之，孔子如何不忧伤？他的心在流血，他怀念那个曾经是礼乐文明之邦的鲁国，他无法忍受鲁国现在的礼崩乐坏，他带领弟子流浪羁旅。

孔子时时怀抱希望，处处遭遇失望，始终不肯绝望。他是流浪的君子，始终行进在精神的旅途中，"弦歌讲诵不绝"。他脚踏大地，仰望星空，时而获得对抗孤独的力量，每每更加孤独。这是一种伟大的孤独，一种深邃的孤独。孔子宁愿孤独；孔子拥抱孤独，呵护孤独。

有一次，孔子师徒途经郑国的时候，走散了。《史记》中这样写道：

> 孔子与弟子失，独立郭东门。郑人或谓子贡曰："东门有人，其颡似尧，其项类皋陶，其肩类子产，然自腰以下不及禹三寸，累累若丧家之狗。"子贡以实告孔子。孔子欣然笑曰："形状，末也；而谓似丧家之狗，然哉！然哉！"

也就是说，孔子非常坦然地承认自己无家可归，就像"丧家之狗"一样，其内心世界强烈的孤独感，跃然于史迁的笔尖。

在孔子去世前，弟子子路死了，死得很惨，被剁成了肉酱；这之前，颜回也死了。孔子非常悲伤。子贡特意去看望孔子，孔子那天早早地就拄着拐杖在门口徘徊，等着子贡的到来。一见到子贡，孔子就泪流满面，他甚至还埋怨子贡：你为什么这个时候才来呀！然后悲叹：

> 太山坏乎！梁柱摧乎！哲人萎乎！

孔子到这个时候，才确认自己的一个身份，不是什么大夫，而是一个哲人。而后，他就对子贡说了那句令后世一直难以忘却的非常著名的话：

> 天下无道久矣，莫能宗予。

这是他最后一次打量这个世界，绝望透顶。
七天后，孔子去世。

（十）

史迁深切地体察到孤独者孔子内心的真实状态，在《太史公自序》中说：

> 周室既衰，诸侯恣行。仲尼悼礼废乐崩，追修经术，以达王道，匡乱世反之于正，见其文辞，为天下制仪法，垂六艺之统纪于后世。作孔子世家第十七。

孔子生逢乱世，思想道路的选择、政治理想的追求、精神信念的持守，注定了他作为孤独者的悲剧性气质、性格和命运。
换言之，《孔子世家》在史迁的笔下，就是要塑造一个与董仲舒们大书特书的那个孔子形象完全不同的英雄形象。而当朝儒生一点英雄气概都没有了，不过是一帮利禄之徒而已。《儒林列传》的结尾还写道："董仲舒子及孙皆以学至大官。"当朝这一帮儒生根本不可能理解孔子，他们也根本没有勇气孤独上路。

史迁在写给朋友任安的那封绝命书中说，自己为什么在遭遇宫刑之后，要苟延残喘地活着呢？就是为了写一部作品，这部作品意在：

究天人之际，通古今之变，成一家之言。

那么，史迁的"一家之言"究竟是什么呢？其内涵当然很丰富。就在儒学刚刚开始被大帝国捧红，孔子刚刚被捧上祭坛的时候，这位史家就开始了对儒学的反思。反思儒学应为史迁"一家之言"的重要内涵之一，这集中地体现在《项羽本纪》和《孔子世家》之中。

《项羽本纪》和《孔子世家》，无疑是两大英雄传。

《荷马史诗》中的奥德修斯，实际上也是伊利亚特战争的重要参与者，但《伊利亚特》并没有浓墨重彩地去写他，而是重点写阿喀琉斯那些英雄们。奥德修斯作为重要的战将，在战争尚未结束的时候，就踏上了回家的路，而回家的路异常艰辛,这正是《奥德赛》的主题。我们可以设想一下,假如项羽没有自刎乌江,也没有招兵买马重振旗鼓,再战沙场,而是像奥德修斯那样,踏上了回家的路,途中先是失忆,后来又恢复了记忆,一路上艰辛无比,比他打败暴秦还要艰辛,那么,项羽这位英雄的形象将会更加丰满。然而,这样的假设不能成立。因为,荷马是一个盲诗人,他依据某段经验历史,一路歌唱,一路编撰,一路想象,他的创作是文学创作。史迁是史家,他必须实录史实。

尽管如此,我们也不难发现,像奥德修斯一样,踏上归乡路的英雄,史迁已经写了,那就是孔子。

孔子自降生于世就无家可归,他一生都在寻找回家的路。

孔子的家族乃殷商之后,宋国贵族,后逃至鲁国。《孔子世家》在简短记叙孔子的家史后写道:

> 孔子贫且贱,及长,尝为季氏史,料量平;尝为司职吏而畜蕃息,由是为司空,已而去鲁,斥乎齐,逐乎宋、卫,困于陈、蔡之间,于是反鲁。孔子长九尺有六寸,人皆谓之"长人"而异之。鲁复善待,由是反鲁。

有学者说,这是一段衍文,因为这个时候孔子还没有周游列国啦。这哪是衍文!《孔子世家》记述的,就是英雄回家的艰辛历程,这一段乃是这部悲剧的序曲。孔子本来就是音乐高手,史迁或许在写作的时候,心里不断地念着:夫子呀!我在为您作传,别人恐怕是看不懂的!您如果在天有灵,看到我现在给你写的《孔子世家》,一定会含笑九泉的!

孔子在归家的途中,曾为获得世俗的名分而费尽心机,他是一步一步地陷入泥潭,又在这个泥潭中作艰难的抗争,最后从世俗的泥潭——功名利禄中挣脱了出来。

如果说《孔子世家》是一部长篇悲剧,那么《儒林列传》就是一部短篇喜剧集,悲剧和喜剧在章法上一一对应。譬如,孔子不会像董仲舒那样"下帷讲诵",孔子平常跟他的弟子在一起,有时笑,有时哭,不会装圣人,他抚琴言志,充满信心,更重要的是,他带着弟子们周游列国,成了流浪的君子;董仲舒后院春暖花开,但据说他很刻苦,没去观赏过。在《论语》中,我们读不到孔子对当世君王的吹捧,即便流浪途中,那口饭还得靠别人给,也从没有吹捧过任何一个君王;可董仲舒的"天人三策",一上来就吹捧当今圣上如何英明、如何光辉。史迁写到最后,还要总体性地描写一下孔子的生活状态:孔子非常有意思,他竟然不吃剩饭,肉割不正亦不食,很讲究。他生下来什么名分都没有,怎么养成了这么个"坏毛病"呢?他在上朝的时候,十分恭谨,如此等等,史迁始终在强调孔子的庄重、严谨、不苟且,包括吃饭这样的日常小事,都严肃对待——"子不语怪力乱神。"这与董仲舒截然相反,这位儒生装模作样,神叨叨的,讲什么阴阳、灾异、谴告,可汉武帝桌子一拍,他就闭口不言了。孔子最后从世俗泥潭中超拔出来,怀抱着孤独,重新上道,流浪天涯,乃至于"栖栖遑遑若丧家之狗";而史迁当朝的儒生却趋炎附势、想尽办法讨得皇帝的欢心,以获取功名利禄。

(十一)

在那个无道的世界里,领悟道而最有智识的人,是老子。可老子不过是个隐者,他绝顶聪慧,看透天下早已无道,因此出关了,留下了一路的传说,据说他到了昆仑山,昆仑山上有天梯连接大道。《道德经》五千言蕴含的大智慧,肯定远超孔子,所以孔子敬重他,视之为"龙"。结果老子成了隐者,隐者不是文明的先知。只有在泥潭中摸爬滚打挣扎着上道的人,才是先知,才是世人的楷模。老子出函谷关后,离世人已经很远。只有像孔子这样的人——年轻时企慕名分,追求功利,想当个官,活得体面些,在世俗中挣扎过,然后又能从那个泥潭里爬出来——才能成为人世的引领者。假如人们全都像老子那样,跑到昆仑山隐逸了,隐逸的世界还可能存在吗？之所以有隐者，那是因为有孔子这样的人还在泥潭中挣扎，还在俗世守着，"知其不可而为之"！

孔子最后回家了。

> 子在川上曰："逝者如斯夫，不舍昼夜。"

家在哪儿？在川上。孔子在流浪途中的这一声喟叹，穿越了历史的长空，长久地回荡在历史的长空中，融贯过去与未来。这一声喟叹，俨然表明孔子对文明的精神信念，犹如大江巨流，永不枯竭。如此之川，是文化记忆的源远流长，是流浪途中宝贵的精神栖息地。孔子回到了川上，他也因此而成为人类伟大的文化先知。

《孔子世家》是以史迁的赞叹结束的：

> 太史公曰：诗有之："高山仰止，景行行止。"虽不能至，然心向往之。余读孔氏书，想见其为人。适鲁，观仲尼庙堂车服礼器，诸生以时习礼其家，余祗回留之不能去云。天下君王至于贤人众矣，当时则荣，没则已焉。孔子布衣，传十馀世，学者宗之。自天子王侯，中国言六艺者折中于夫子，可谓至圣矣！

先知不是实用主义的,不是技术主义的,不是工具主义的。先知孔子看重的是纯粹的理想,崇高的信念,高贵的精神品质,尤其热爱生活,敬重生命。他甚至拒绝提供策论。

史迁与先知的精神气质深度契合,他不会为董仲舒的"天人三策"写下只言片语。

先知孔子是人类的精神导师,他不能为了洁身自好而隐匿避世,他必须说话甚至呐喊。他注定要成为流浪者,打点行装,背井离乡,流亡天涯海角;他无处安身,他总是行走在他乡,在行走他乡的途中,又时时回望故乡,念念不忘故土。他是游子,有强烈的乡愁,乡愁却又是他的甜蜜,苦涩的甜蜜。他往往在现实生活中是失败者——流浪本身就意味着失败。他除了精神世界,可能就一无所有了。他空而有灵,灵魂有安居之所,这是他的质朴。他匠心虚怀,常怀敬畏之心,常怀感激、感恩之情,他因此要在黑暗里为同胞守夜,为人们点亮火光,为人们驱寒送暖。

先知当然不会失忆。孔子在回家的途中,留给人们的恰恰是提醒人们千万别失忆的教言:

温故而知新。

孔子呼唤每一个人回头看看自己的过去:要想找到回家

的路，就得记住来时的路——曾经走过的路上有指向未来的路标。

路标指示着人性升华的方向。

后　记

20世纪80年代初,大学校园弥漫着诗意,人文气息浓厚。我被严重感染,竟做起作家梦来了,写诗作文,且数次投稿。结果竟是无一字发表,失望得很。于是,请教杨师义银先生如何写好文章,杨师的回答很简洁:没有别的办法,多读《史记》吧!那时,我不明其意,倒是听话,开始硬着头皮读《史记》。当作家的梦却很快醒了。

1987年7月,我带上杨师送我的《史记》,走出西南师大的校门。2017年4月,我又带上杨师送我的《史记》,回到母校执教。整整30年,我翻阅次数最多的书,就是这本《史记》,却与作家梦早无瓜葛了。我的专业是法哲学,最感兴趣的问题是"新儒家与自由主义学说在中国的命运"。曾几何时,我隐约感觉到了《史记》与此问题的某种关联。回到母校的写作计划之一，就是将这种关联以某种文体呈现出来。

最近几年，讲述《史记》的录音整理文字，已经积累了不少，现在奉献给读者的这本小册子，就是从中挑选出来，删节而成的。挑选的原则，是让读者多少能够意会到我讲述《史记》的问题意识；删节的原则，则是保留录音整理稿的基本框架和叙事风格，删去过于口语化的表述，以及重复内容——但还是有意识地保留了一些，目的在于放大某些观点，以便更好呈现某些历史问题的真相。

在整理、删改书稿的过程中，我总想起郝晓宇、尹亚军、周珍、王光亚、蔡艳、张锡洋诸君，没有你们的辛苦劳作，我的讲述也就必定随着讲座的结束，而很快从听众的记忆中淡出、消逝，留不下这些文字记录。我深深地感激你们为此付出辛劳和心血！

我要感谢江帆教授组织的草街读书会、施文忠先生领衔的成都明伦书院、北京航空航天大学和西南大学教务处组织的大学生通识课程，给我提供了讲述《史记》的平台。当然，更要感谢诸多学友，正是你们为我营造了讲述一位伟大史家孤绝之思的温馨氛围。

我还要感谢商务印书馆的领导和编辑朋友们，正是你们的信赖和支持使我这些"非专业"的讲述文字得以付梓。尤其要感谢丛晓眉女士、陈涛先生在编辑过程中付出的心血和智慧——要把口语表述编辑成通畅的书面文字,其难度之大,我是心知肚明的。

最后,我要特别感谢王体先生、陈柯先生。回到母校西南大学后,在你们诚挚鼓励和慷慨资助下,我组织了雪堂读书小组,并开通了"五柳雪堂"微信公众号,在诸位经典阅读高手共同经营的读书环境中,我获得了讲述《史记》、撰著《太史公史诗》的思想启迪与精神力量。

我将这本小书敬献给杨师义银先生,以感谢您多年来对我阅读《史记》的引领。

赵 明

2018年9月16日记于缙云山麓

图书在版编目(CIP)数据

历史与正义:司马迁如是说/赵明著.—北京:商务印书馆,2019
ISBN 978-7-100-17501-2

Ⅰ.①历… Ⅱ.①赵… Ⅲ.①《史记》—研究 Ⅳ.①K204.2

中国版本图书馆 CIP 数据核字(2019)第 094523 号

权利保留,侵权必究。

历史与正义:司马迁如是说
赵明 著

商 务 印 书 馆 出 版
(北京王府井大街 36 号 邮政编码 100710)
商 务 印 书 馆 发 行
山 东 临 沂 新 华 印 刷 物 流
集 团 有 限 责 任 公 司 印 刷
ISBN 978-7-100-17501-2

2019 年 8 月第 1 版　　开本 787×1092 1/32
2020 年 3 月第 2 次印刷　印张 11
定价:58.00 元